Jean-Paul Bertrand-Demanes
avec la collaboration de Bertrand Ferrier

Stade 4

Le match de ma vie

Max Milo
TÉMOIGNAGE

Jean-Paul Bertrand-Demanes reversera l'intégralité de ses droits d'auteur au centre René-Gauducheau de l'Institut de cancérologie de l'Ouest.

www.maxmilo.com
ISBN : 9782315010233

« Qui va me dire pourquoi
je ne m'alarme pas
de passer en lisière
des forêts les plus sombres ? »
(André Velter, *La Vie en dansant* [2005],
Gallimard, « Poésie », 2020, p. 263)

Préface
Le cancer est (aussi) une histoire d'amour

Il y avait, dans le stade Marcel Saupin, un bar où les joueurs prenaient une bière après les matchs. On ne parlait pas encore d'endroit VIP. Il n'était nul besoin d'arborer un bracelet autour du poignet pour y accéder. C'est là, entre les fauteuils de cuir orange et les photos grandeur nature de Philippe Gondet ou Bernard Blanchet, que je voyais Jean-Paul Bertrand Demanes « en vrai », comme l'enfant que j'étais disait à l'époque. J'avais onze ans, douze ans. Le football était toute ma vie. Henri Michel était mon idole et voir Bertrand-Demanes, le meilleur gardien du moment, enchantait mes samedis soir.

Je vous parle d'un FC Nantes qui n'existe plus, celui qui battait Saint-Étienne, qui régalait le samedi et déroulait le dimanche, qui jouait un football pour initiés. Le maillot jaune flottait sur le championnat. La radio *Europe 1* était un sponsor chic. Les footballeurs ne changeaient pas de club tous les quatre matins.

Jean-Paul a commencé sa carrière en 1969. Il l'a achevée en 1987. Combien de fois fut-il décisif ! Je me souviens d'un match retour de Coupe d'Europe à Varsovie contre le Legia où il fut héroïque, d'un après-midi à Nîmes où rien ne passa, d'une fin de carrière éblouissante comme si, les années passant, il avait encore gagné en sureté. Pour tous, il était « le grand », annonçant les temps futurs puisque, aujourd'hui, 1,92 m est la taille standard pour évoluer au plus haut niveau.

*

Quelques années plus tard, j'ai retrouvé Jean-Paul à la faculté de Sciences Éco de Nantes. J'avais grandi. Il préparait sa reconversion. Nous étions en 1986. Les étudiants ouvraient des yeux ronds quand il voyait débarquer dans l'amphi celui qui gardait encore les buts du FCN, désormais au stade de la Beaujoire. Il paraît que Jean-Claude Suaudeau faisait la gueule. JPBD révisait ses cours dans le car, durant les déplacements.

– Ça te déconcentre ! gueulait « Coco », autre légende de ces temps anciens.

Les années football occupent une place importante dans le livre que vous tenez entre les mains. On y parle d'une époque où le président du FCN offrait un roman de Joseph Kessel à celui qu'il visitait à la clinique. On y parle du lien entre joueurs et *supporters*, du monde d'hier et du peu d'intérêt que Jean-Paul garde aujourd'hui pour le foot. Une page est tournée.

*

Je sais que la vie de Jean-Paul fut cruelle. Il est des drames qu'aucune parole ne guérit. La réussite et la gloire ont payé le prix fort. La mort de ses enfants est une prison dont on ne sort jamais. Rien ne sera plus pareil. Élodie avait quelques semaines. Reynald avait vingt et un ans, et sa vie s'est arrêtée sur un terrain de football.

À soixante-dix ans, Jean-Paul est toujours debout. Il raconte dans ce récit son expérience de père mais aussi celle du malade qu'il fut. En 2010, JPBD a contracté un cancer de la gorge diagnostiqué au stade 4, le genre de truc qui vous envoie direct en enfer et parfois six pieds sous terre. « Monsieur » Bertrand-Demanes est un guerrier. Sur le terrain ou à l'hôpital, il se bat. Ce livre raconte cette histoire. Comment un mort en sursis reprend pied, repart à zéro, récupère ses muscles et retrouve son souffle. JPBD court un triathlon en 2012. La guerre est finie. À Nice, en 2014, il dispute un Ironman (3,8 km de natation, 180,2 km de cyclisme et un marathon pour finir). La guerre est gagnée.

C'est sincère. C'est précis. C'est dur. C'est émouvant. C'est sensible, ô combien sensible. Ça lui ressemble. On rit et on pleure.

Merci, cher Jean-Paul, pour ce témoignage qui réchauffera le cœur de ceux qui luttent face à la maladie, ainsi que celui de celles et ceux qui les accompagnent ! Je pense notamment à Mimi, ton *alter ego* que tu nommes « Amour » et qui, elle aussi, t'appelle « Amour ».

Ces deux-là se sont trouvés. Ils seront deux à jamais. La bataille contre le cancer est une affaire de famille, une épopée d'amour. JPBD l'écrit. Et je le crois.

Pascal Praud

Prélude

Ceci est le livre d'un gamin né à Casablanca, qui est devenu footballeur de métier, a disputé six cent cinquante matchs avec le même club, a joué une Coupe du monde avec l'équipe de France, a connu les blessures, s'est relevé, s'est inventé une nouvelle carrière après sa première vie professionnelle et continue d'être amoureux du beau geste, de l'effort, de la vie et de l'amour.

C'est aussi le livre d'un septuagénaire qui a passé son existence à s'étonner de sa chance, mais également à la construire, à l'étayer, à lui insuffler constamment une énergie renouvelée, en dépit des coups de mou, des cahots, des drames petits et grands, au côté de ses proches, si importants pour lui.

C'est donc aussi le livre d'un croqueur de joies, d'occasions, de rencontres, le livre d'un heureux fripon qui a eu la chance de croiser des gens formidables, quelques vrais méchants, et des célébrités aussi diverses que Bob Marley, Joe Dassin, Carlos Monzón, David Gilmour, Michel Legrand, « Johnny », Maradona, William Sheller ou Paul McCartney.

En somme, c'est le livre d'un homme à qui tout – enfin, *presque* tout, et ce « presque » n'est jamais négligeable – semble réussir et qui, un matin, est obligé d'admettre qu'une boule étrange ne cesse de grossir au niveau de sa gorge, partant qu'il est sans doute temps de demander leur avis aux blouses blanches les plus compétentes, quitte à aller au devant de souffrances épouvantables.

Ce livre est donc aussi le récit d'une descente aux enfers, celle vécue par un patient qui doit affronter à la fois une maladie fracassante, un diagnostic plus que pessimiste et des traitements redoutables, et qui va s'y astreindre, le bougre, sans aucun héroïsme mais avec, chevillée au cœur et au corps, une volonté inarrêtable de se battre contre la fatalité, la peur et l'épuisement, afin de remporter, au terme du match de sa vie, la victoire qu'il s'est promise.

Ce livre est donc, plus qu'un livre sur les grandes heures du Football Club de Nantes, plus qu'un livre sur l'expérience d'un cancéreux, plus encore qu'un livre sur ce que le sport peut apporter aux malades, même s'il aborde largement ces trois sujets, un livre sur la volonté, la résilience, la renaissance, l'espoir-malgré-tout et la force des rêves. Et si, à la vérité, ce livre parle *de* moi, j'espère qu'il parlera *à* chacun de ceux qui le liront, ainsi que m'ont parlé d'autres livres quand je glissais, sûrement et avec confiance, au plus profond des abysses dont je suis si heureux d'être revenu.

Jean-Paul Bertrand-Demanes

I.
Avant

1.
La prochaine fois

J'ai eu deux vies professionnelles.

La première – celle de footballeur – m'a valu quelques beaux titres de gloire et une célébrité dont, aujourd'hui encore, certains me font l'amitié de se souvenir avec chaleur.

La seconde, que je suis parvenu à construire quand j'ai vu l'heure de la reconversion s'avancer à toute berzingue, m'a précipité dans un domaine *a priori* moins propice aux paillettes : la défiscalisation par l'immobilier.

En 2009, quand commence mon récit, c'est à cette activité de négoce que je consacre mon temps et mon énergie depuis vingt-deux ans. J'y mets la même exigence, la même volonté, la même gnaque dont j'usais et abusais quand j'étais sportif de haut niveau et n'hésitais pas, par exemple, à travailler mes plongeons jusqu'à l'épuisement, par tous les temps, même quand les terrains étaient gelés et les atterrissages plus que douloureux.

Aujourd'hui, mon travail ne consiste plus à empêcher le ballon de faire trembler mes filets ni à permettre à mes partenaires de se projeter vers l'avant. Désormais, j'achète des immeubles sur Bordeaux, dans le cadre de ce que l'on appelle des opérations Malraux. En gros, il s'agit de faire fructifier une niche fiscale consistant à rénover des immeubles historiques destinés à la location – un projet toujours d'actualité : la dernière version en date du dispositif a été promulguée en 2022.

Sur le pré comme dans les affaires, je n'ai jamais connu la demi-mesure. Il faut que je me donne en entier. Ce n'est même pas que je ne veux pas me ménager, c'est que je ne sais pas. Attendre que les choses se fassent, paisiblement tanqué derrière un bureau, en déléguant les tâches dont je pourrais m'acquitter en personne ? Inenvisageable ! Je ne l'imagine seulement pas.

Par bonheur, mes efforts ont souvent été payés de retour, dans le sport et dans le *business*. Je suppose que la chance n'y est pas pour rien. Néanmoins, j'ai aussi conscience, quelque immodeste que cela semble, que ma volonté, mon entêtement – au sens noble du terme – et mon goût pour les défis jouent les premiers rôles dans mes réussites.

À cette époque de ma vie, je suis un homme heureux. Je peux compter sur Mimi, ma femme ; je suis entouré d'enfants charmants ; mon entreprise tourne rond ; j'ai plus d'argent qu'il n'en faut pour envisager sereinement l'avenir ; et les projets se bousculent dans mes cartons. Certes, tout cela nécessite un investissement de chaque instant, des horaires de travail extensibles et pas mal de sacrifices personnels pour mener de front boulot, vie de famille et loisirs personnels ; n'empêche, j'aurais mauvaise grâce de tirer la tête. Pour un sportif retraité, je m'en sors comme un chef !

C'est dans ce contexte rayonnant qu'une alarme se met à sonner. Puis une autre. Quelque chose ne tourne pas rond.

En quelques mois, la multiplication d'alertes diverses me convainc qu'un adversaire redoutable m'a déclaré la guerre, et qu'il a commencé de remporter quelques batailles en tapinois. Fin 2009, je me rends compte par petites touches que la fatigue – puisque c'est elle que j'accuse en première intention – a entrepris de saper mon énergie, d'ordinaire presque inépuisable. Il arrive que j'éprouve plus de difficultés à me lever, à rester concentré, à aller de l'avant, à m'enthousiasmer, à planifier voire, simplement, à « tenir le coup ». Toutefois, rien de flagrant. À peine quelques détails inhabituels et bizarres.

Par exemple, un matin, sur les coups d'onze heures, je me rends à une réunion avec mon expert-comptable. Je prends la route de Pornic, une voie très fréquentée… et je m'endors au volant de ma voiture, manquant de me tuer. Un concert d'avertisseurs enveloppé d'une nuée d'appels de phare me tire du sommeil. Quand j'ouvre péniblement les paupières, je roule en zigzaguant sur la bande d'arrêt d'urgence, à un cheveu de la glissière. Un coup de volant en trop, et je m'encarrassais dans les rails de sécurité ou dans l'habitacle d'un autre usager.

Le choc passé, je me morigène en me promettant de dormir quelques heures de plus chaque nuit dans les semaines qui viennent. Tirer les leçons d'un échec et travailler pour qu'il ne se reproduise plus est une habitude que j'ai développée au long de mes deux carrières professionnelles. Je ne compte pas me départir de cette attitude qui consiste, autant que faire se peut, à chercher le positif dans le négatif. Alors, je balaye le souvenir de mon accident et je glisse ses restes sous le paillasson de ma vie trépidante. Ni une, ni deux, par souci d'efficacité et non par déni, j'évacue l'émotion, et je passe à la suite.

Du moins, j'essaye.

Quelques jours plus tard, je me rends à la piscine pour m'entraîner. Je m'y astreins avec le Triathlon Club Nantais (TCN), à raison de trois séances par semaine, entre midi et deux. Ce jour-là, ainsi qu'à mon habitude, je plonge dans l'une des trois lignes

1. La prochaine fois

d'eau qui sont réservées aux membres du club. Bon, je l'admets : je plonge dans *la* ligne réservée aux pas bons et aux ancêtres ! Or, il advient que, au milieu de ma première longueur de cinquante mètres, la tête me tourne, les muscles m'abandonnent, le souffle me manque.

Tant bien que mal, donc mal, j'atteins la partie du bassin où l'on a pied. Je suis à bout de force. Les copains me regardent, partagés entre rigolade bon enfant et incompréhension étonnée. Soit, je ne suis plus tout jeune et je ne suis pas le plus rapide de notre joyeuse bande ; mais je m'entretiens, et jamais, au grand jamais, une demi-longueur d'eau ne m'a épuisé. Ou plutôt, jamais une demi-longueur *ne m'avait épuisé* jusqu'alors.

Au reste, je ne suis même pas épuisé. Juste vidé. Creux. Incapable de reprendre l'exercice que Rodolphe Debureau, notre entraîneur, nous a proposé. Lequel Rodolphe s'approche justement de moi et me demande ce qui se passe. Je souffle :

– Je sais pas c'que j'ai, je suis crevé.

Le *coach* m'observe. Il voit bien que quelque chose cloche. Je ne plaisante pas. Je suis à plat. Il m'intime de sortir. J'hésite. Abandonner n'est pas JPBD.

– Sors, répète-t-il avec fermeté. T'es blafard. Tu m'inquiètes. Sors, je te dis !

J'obtempère. De toute façon, je serais incapable de suivre la séance.

Pendant de longues minutes, je reste assis, hagard, au bord du bassin. Perdu, sonné, j'entends le bruit des nageurs. L'odeur du chlore m'enivre. Clapotis, plongeons et cris me parviennent derrière un voile ouaté. Je suis là et ailleurs. Nulle part.

Lorsque je parviens à rassembler mes esprits, je gagne les douches et m'éjecte de la piscine, plus étonné que troublé. Que m'est-il arrivé ? Faute de mieux, je penche pour un coup de moins bien lié au surmenage. J'ai dû pousser le bouchon un peu loin, trop exiger de moi, abuser du manque de sommeil, rien de grave. Je ne me cache pas derrière le petit doigt de mes certitudes, je me contente d'expliquer l'inexplicable. J'ai tiré sur la bête plus qu'il n'eût fallu. La prochaine fois, je serai en pleine forme.

Ce ne sont pas les prochaines fois qui manquent, pas vrai ?

2.
La taille de la boule

Pour me remettre de la fatigue que je sens de plus en plus envahissante, je compte sur les fêtes de fin d'année.

J'aime cette période car non seulement elle permet de partager de bons moments avec mes proches mais, de surcroît, elle signale la fin du *rush*. En effet, dans mon boulot, le dernier trimestre est le plus intense. Il faut boucler les dossiers en fin d'année puisque la date-limite pour escompter une défiscalisation, c'est le 31 décembre. Donc, de septembre à décembre, ma vie ressemble à un marathon effectué au sprint. Chaque année, à cette période, je deviens l'Eliud Kipchoge du dispositif Malraux.

Dès lors, pourquoi me serais-je inquiété de ma fatigue ? Quoique je la combatte, elle me paraît très naturelle…

Trois mois durant, j'enchaîne les déplacements, les réunions, les horaires démentiels. Moi qui ai besoin de beaucoup de sommeil, je dors moins que d'habitude et, en revanche, je voyage à un rythme quasi effréné ! Certaines semaines, je me rends par trois fois à Bordeaux depuis Nantes, afin d'y accompagner un client. C'est la règle que je me suis fixée : un déplacement par client. Pas de voyage de groupe. Chaque particulier est particulier. Chaque situation est spécifique. Le temps de nos rendez-vous, tous mes prospects méritent l'intégralité de mon attention.

Bref, je n'ai pas le temps de m'inquiéter de moi. Heureusement, les autres s'en chargent.

Ainsi, il arrive que l'on me signale une grosseur au niveau de la gorge. Là encore, en plus de ma sérénité coutumière, j'ai une bonne raison de penser que tout est normal. Quelques années plus tôt, une boule est apparue au niveau de ma fossette droite. Après analyse, elle s'est révélée n'être qu'un kyste graisseux. Un chirurgien plasticien me l'a ôtée. Aussi suis-je tranquille quand on me parle de ma nouvelle grosseur. Je ne doute pas qu'il s'agisse d'un nouveau nodule bénin. Je n'en souffre pas et pense que je l'enlèverai « quand j'aurai le temps ».

Sauf que le temps m'échappe.

Le temps m'échappe d'autant plus que, à mesure que filent les jours, la fatigue m'envase. Je lutte contre elle de la manière que je connais le mieux : par le sport. En dépit de l'épuisement, je me force à aller courir. Las, après vingt minutes de *footing*, je dois m'arrêter, pantelant et sans force. Après vingt minutes d'effort modéré, s'arrêter n'est pas vraiment une habitude pour quelqu'un qui pratique le triathlon, fût-ce en dilettante.

Obstiné, je me prépare à affronter telle ou telle épreuve égrenant les 1,5 km de natation, 40 km de vélo et 10 km de course à pied réglementaires. Toutefois, il m'arrive de ne pas courir ni enfourcher mon vélo pendant une semaine complète, quand le travail devient trop pressant. Non, même si je ne respecte pas un plan d'entraînement régulier et rigoureux, je n'ai rien d'un sédentaire incapable de mettre un pied devant l'autre à plus de dix kilomètres à l'heure.

Pourtant, force m'est de le reconnaître, cette carcasse que j'essaye d'entretenir avec exigence et réalisme, cette machine à qui je dois tant, cette mécanique que je tâche de huiler par une pratique d'amateur éclairé est grippée. Sans m'être devenu inaccessible, l'activité sportive se complique pour ma petite pomme. Pas encore un croulant, déjà sur la mauvaise pente ? Je ne comprends pas.

Par chance ou malheur, l'homme a une capacité de résilience incroyable, une aide à la survie, une capacité à la cécité plus ou moins volontaire qui s'appelle Habitude. De fil en aiguille, la fatigue me devient familière. Elle se mue à la fois

- en nouvel ennemi,
- en nouvelle compagne intérieure et, peu à peu,
- en nouvelle norme.

Me voici qui apprends à justifier ma baisse d'endurance devant mon entourage et devant moi, avec la mauvaise foi d'un abstinent surpris en train de taquiner la dive bouteille. Quand je ne parviens pas à expliquer que « je contrôle la situation » et que je dois concéder une moindre activité, je rappelle que la fin d'année 2009 a été particulièrement intense – ce qui est la stricte vérité. Un p'tit coup de bambou *a posteriori* n'a rien de choquant ; et peut-être que, oui, à mon âge, bien que je ne me considère pas encore comme un vieux décati, la récupération est plus lente. Chacun s'efforce de croire à cette hypothèse, moi le premier, ne serait-ce que parce que je n'ai pas d'autre explication. Puis, n'étant pas du genre à psychoter, j'enchaîne.

Ainsi les jours défilent-ils jusqu'à ce vendredi de mai 2010 où nous partons, mon fils Mathieu – devenu mon bras droit dans les affaires – et moi, direction Bordeaux. Mathieu conduit notre berline. C'est plus prudent : à peine avons-nous quitté Nantes, je me mets à somnoler. Un an plus tôt, ça ne me serait jamais arrivé. Néanmoins, profiter d'un long trajet pour taquiner le roupillon n'a, en soi, rien de bouleversifiant ! Plus fâcheuse est la remarque

que mon fils formule, l'air de rien, quand, à l'approche de la rocade bordelaise, je m'arrache aux bras de Morphée.

– Tu sais, ta boule, là..., dit-il en désignant ma gorge.

– Ouais ?

– J'ai l'impression qu'elle a un p'tit peu grossi.

– La boule ? T'es sûr ?

Il opine. Je porte mes doigts vers le nodule. À tout hasard, j'acquiesce et lâche :

– Peut-être, si tu l'dis...

– À mon avis, s'empresse-t-il de glisser, tu devrais aller voir ton médecin.

– Carrément ! Pourquoi ça ?

– Bah, pour être sûr.

Sans lui demander de quoi je suis censé être sûr, je m'étire en soupirant et marmonne, la bouche pâteuse mais le ton conciliant :

– OK, j'irai un de ces jours...

Je connais cette situation. Ma femme me houspille souvent parce que, quand quelque chose me concerne seul, je laisse traîner, convaincu que je résiste à tout. Cependant, en fin d'après-midi, de retour chez moi, j'évoque la remarque de Mathieu devant Mimi.

– Et ? me relance-t-elle.

– Eh bien, je prendrai rendez-vous.

– Non.

– Comment ça, non ?

Elle me tend le téléphone et lâche :

– Tu ne *prendras* pas rendez-vous. Tu *prends* rendez-vous. Maintenant.

Je suis obligé de prendre le combiné et de m'exécuter. Mimi me connaît sur le bout des doigts. Si je promets de prendre rendez-vous, je trouverai instamment une autre occupation et je repousserai sans cesse cette obligation qui ne me semble pas prioritaire. Ni par flemme, ni par crainte du diagnostic. Simplement

- parce que je me sens à peu près invulnérable,
- parce qu'il ne me paraît pas nécessaire de solliciter un médecin vu que je ne souffre pas, et
- parce que, objectivement, j'ai beaucoup, beaucoup d'autres tâches sur le feu.

Néanmoins, forcé par Mimi, j'ai appelé mon médecin pour un rendez-vous de contrôle on ne peut plus banal ; et c'est ainsi que tout a commencé.

3. Le plus beau survêtement du monde

Je ne suis ni philosophe, ni poète : j'ai été footballeur et je suis devenu *businessman*, c'est dire ! N'empêche, je ne peux que constater combien elle est bizarre, cette idée de « début ». Quand on le vit, le début n'existe pas. Il n'est qu'un instant parmi d'autres sur la frise chronologique de la vie. C'est *a posteriori* que des événements, des remarques et des choix deviennent des débuts.

Aussi, contrairement à ce que j'ai écrit, ma maladie n'a pas commencé quand Mathieu a observé que mon nodule a grossi, ou quand Mimi m'a obligé de prendre rendez-vous chez le médecin. Elle a commencé avant, quand le nodule a entrepris de se former. Ce nonobstant, si je me retourne aujourd'hui sur ce qu'il m'est arrivé à cette époque, je fixe à ce point précis ma prise de conscience que ma vie a basculé. Une telle valse-hésitation ressemble à beaucoup d'événements qui ont marqué des débuts dans mon existence. Ma carrière de footballeur, par exemple : où et quand commence-t-elle « pour de bon » ?

Entre mes treize et quinze ans, je suis licencié à l'US Ludon-Médoc. Je suis minime et je m'entraîne sous la houlette de mon père… même si, là encore, au départ, mon père n'est pas mon père. Quand je le rencontre, au Maroc où je suis né, il est « le monsieur ». Mon père, l'officiel, a disparu peu après ma naissance.

Il a attendu que j'aie plusieurs fois mon nom dans *L'Équipe* avant de réapparaître. Ce jour-là, on a eu une petite discussion, et il a redisparu. Pour de bon, cette fois.

Celui que je considère comme mon père est d'abord l'homme que ma mère rencontre au Maroc. Je n'ai jamais su quel miracle a uni ces deux-là. Elle travaille pour EDF ; lui est policier. Il entre dans ma vie au compte-gouttes. Je le vois d'abord par petites touches. Parfois, il nous emmène au cinéma. Parfois, il s'en va seul avec ma mère. Sur le moment, j'ignore pourquoi je ne suis pas de la fête. Très vite, néanmoins, je m'attache à lui.

En 1959, c'est avec lui que nous vivons le Grand Déchirement : quitter le Maroc pour rentrer en France. La situation pour les métropolitains est devenue difficilement tenable, mais partir d'un pays sourire et soleil pour rentrer dans la grisaille indifférente de l'Hexagone, comme chantait Renaud, « c'est pas une sinécure ».

André Hertig, maire de Ludon-Médoc depuis 1944, fait des pieds et des mains pour que mon père, un compagnon de longue date en qui il a toute confiance, le rejoigne et devienne un de ses adjoints. Mon père est partant : il a une maison familiale à Bordeaux, et il est, pour le dire rapidement, insensible aux charmes de la capitale des Gaules. Reste un problème. Le policier qu'il est sait que, dans son domaine, la région bordelaise est très demandée. En d'autres termes, il n'est pas près d'obtenir sa mutation.

À ceci près que celui qui l'a sollicité a le bras long. Il connaît très bien Jacques Chaban-Delmas, le seigneur incontesté du coin et, à l'époque, président de l'Assemblée nationale. André a combattu avec Jacques pendant la Seconde Guerre mondiale. Dix-sept ans plus tard, leurs liens demeurent assez solides pour que le maire obtienne dans les plus brefs délais la nomination à proximité de sa commune du fonctionnaire de la Direction de la Surveillance du Territoire (DST).

En 1961, voici donc mon père élu au conseil municipal et catapulté au service des sports. La casquette qu'il coiffe est inattendue pour quelqu'un qui n'a jamais eu d'activité sportive ? Pas de quoi l'effrayer ! Comme je commence à taper dans le ballon, mon père décide de monter une équipe de petits footballeurs, en complément de l'équipe senior existante. Ni une ni deux, il se proclame EECBLM, Entraîneur En Chef des Benjamins de Ludon-Médoc. Pour marquer le coup, il achète un uniforme à la hauteur de sa nouvelle fonction prestigieuse.

Je n'ai pas oublié ce survêtement bleu roi. Aujourd'hui, les snobs diraient qu'il fait saigner les yeux de celui qui le voit. À l'époque, cet accoutrement reconnaissable entre tous claque et lui confère, du moins à ses yeux, une légitimité incontestable. Tant pis si ses techniques de *coaching* sont tantôt approximatives, tantôt, disons, empiriques – il me souvient des abdominaux abominables qu'il nous infligeait, avec les jambes au ras du sol et le dos bien arqué, exactement ce qu'il ne faut surtout pas faire. Combien de fois l'ai-je charrié quand j'ai commencé de m'entraîner pour de bon et que je me suis aperçu que ses conseils de renforcement musculaire étaient une catastrophe intersidérale !

Seulement voilà : si, sans technique, le sport n'est rien qu'une sale manie, eût chanté Brassens à propos de sports un poil différents, ce n'est pas, notamment chez les jeunes, qu'une question de technique. C'est un esprit, une ambiance, une communauté. C'est une envie, des émotions, des défis. Ce sont des frictions, des partages, des rigolades. Anne Sylvestre chantait que les rêves font grandir les enfants. Dans mon expérience, le sport est aussi un élément-clef pour nourrir

• leur existence,
• leur sens de la solidarité,
• leur appétit de découvertes, de rencontres et de joies.

Certes, notre entraînement reflète la non-formation de mon père à sa nouvelle fonction bénévole. Certes, notre équipe ne progresse pas beaucoup en termes physiques, techniques ou tactiques. Et, cependant, nous vivons des moments extraordinaires. Entre mille exemples (ou un peu plus, je n'ai pas compté), je me souviens des jours de match où il manquait de parents accompagnateurs. Sans hésiter, en dépit de son statut de fonctionnaire de police, mon père embarquait les sept gamins de onze-douze ans que nous étions dans notre Dauphine familiale. Le moindre accident eut été dramatique ; par chance, mon père était un conducteur hors pair... et la bonne fortune était de notre coté.

En somme, l'embryon de ma carrière de fouteux pourrait sembler ne pas démarrer sous les meilleurs auspices à un détail près : quand tu es bambin, il n'est pas de meilleurs auspices que le plaisir de taper dans un ballon, de retrouver les copains et de se battre chaque semaine, fût-ce avec des moyens collectivement limités. Moi, je m'éclate. J'adore le contact du ballon, comme tant de gamins ; je rêve devant les matchs de l'équipe de France – les seuls à être télédiffusés, à l'époque, avec la finale de la Coupe de France ; je suis à mille lieues de penser que le foot puisse être l'un de ces fameux « vrais métiers » qu'un adulte doit exercer, et je suis encore plus loin d'imaginer que ce débouché professionnel puisse convenir à ma petite personne.

Néanmoins, je découvre le pouvoir du foot deux ans après ma première licence. En effet, en 1963, je dois intégrer l'internat de Talence. Nous habitons à 20 km de Bordeaux et, entre les épais brouillards d'hiver que nous pouvons connaître et les bouchons qui bloquent la circulation alentour comme si la route n'était qu'une bouteille et les voitures du raisin fermenté, il m'arrive d'être en retard à l'école. Mes parents estiment que ce risque est rédhibitoire pour un élève de sixième. Je deviens donc pensionnaire dans un établissement énorme (nous sommes quelque deux mille camarades d'internat) dont la cour est constituée de deux terrains de foot.

Bien sûr, entre midi et deux, avant les études et avant d'aller dormir, nous disputons de sacrés matchs. Il ne faut que quelques jours pour que je sois l'un des premiers élèves à être choisi par les capitaines pour être gardien de but. Pour la première fois de ma vie, je suis sélectionné, et avec les honneurs ! Au point que, trois ou quatre mois plus tard, mes camarades me supplient de venir jouer dans leurs clubs respectifs.

Soixante ans après, je suis incapable d'expliquer pourquoi j'ai d'emblée élu domicile dans les cages. À mes débuts, je ne suis pas plus grand que les autres. Je constate simplement que c'est la place où je veux être. Où je suis bien. Heureux. Confiant. Performant. La place où j'ai envie de progresser.

4.
Le don des fées

A posteriori, peut-être un psychologue aussi savant qu'expert décèlerait-il dans ce qui apparaît comme une heureuse coïncidence des signes en disant long sur ma personnalité. Parfois, des journalistes ou des *fans* qui ont la gentillesse de m'aborder me demandent ce qui me prédestinait à être gardien. Si je suis honnête, je réponds que je n'en sais fichtre rien. Je préfère croire que la vie peut être à la fois plus simple et plus mystérieuse – en un mot, évidente.

Dans une chanson presque récente, Michel Jonasz s'écrie : « Vous voulez tout comprendre, oui, mais par quel miracle est né le premier chant de la première cigale un premier soir d'été ? » Bien que je n'aie pas grand-chose en commun avec les cigales, je suis d'accord avec cet artiste que j'ai eu la chance de croiser. Je ne comprends pas pourquoi il faudrait échafauder des explications pour ce qui relève, bêtement et sûrement, de l'évidence. En dépit de ses circonvolutions et de ses imbroglios, il arrive que la vie soit évidente. Pourquoi, alors, l'embrouiller ?

Pour ma part, je me suis retrouvé embringué dans l'aventure des gardiens de but comme d'autres enfants voguent, heureux et libres, sur le fleuve Musique le jour où ils se sont installés devant un piano. Appelons ces *matchs* « coups de chance », « signe du destin » ou « cadeau de la vie ». Les mots passent, reste l'évidence qui, avant que le *momentum* ne la révèle, n'avait rien d'évident.

À l'instar de gamins qui se révèlent grâce à la musique, la peinture ou l'expression scénique, j'ai eu la chance que la vie ait planté en moi – par le truchement de la génétique, du hasard ou de Dieu sait quoi – les graines susceptibles de développer un état d'esprit, des attitudes et de premiers réflexes indispensables aux gardiens de but. Pour autant, je ne vois là rien d'extraordinaire au sens premier du terme. Je suis convaincu que nous sommes tous doués pour quelque chose.

Tous.

Sans exception.

J'irai plus loin en admettant que, moi, le sceptique, je crois aux fées, en particulier à celles qui se penchent sur les berceaux et déclarent :

– Toi, tu seras doué pour la musique ; toi, pour susciter la sympathie des autres ; toi, pour le sport...

... et j'aimerais bien rencontrer la petite dame qui, avec sa baguette et ses paillettes, connaissait assez le foot pour décider que mon domaine, ce serait la zone des six mètres devant une cage !

Parfois, il est vrai, les dons des fées sont difficiles à déceler. Ce n'est ni la faute des fées, ni celle des enfants, mais celle des adultes, parents ou éducateurs. Je me suis toujours méfié, je me méfie et je me méfierai toujours de la séparation des êtres humains entre « doués » et « bons à rien ». Un bon à rien est un humain doué en quelque chose que l'on n'a pas su révéler. Voilà la réalité.

Quand je suis devenu père, j'ai mis mes convictions et mes croyances en pratique. Mes enfants ont goûté au foot, à la natation, au cyclisme... Le but n'était pas de les transformer en professionnels « comme papa », simplement de leur donner l'opportunité de rencontrer l'activité dans laquelle ils auraient la chance de s'épanouir.

Mon fils aîné Reynald a trouvé le foot. Doué mais pas assez pour devenir une vedette du ballon rond, il a su faire preuve de lucidité et se dessiner un cap à la fois ambitieux et à sa mesure : il est devenu gardien de l'équipe d'Ancenis, en Deuxième division. C'est en s'entraînant avec ses partenaires qu'il est décédé d'un arrêt cardiaque, lors de la saison 1994-1995. Ce jour-là, sans renier les beaux moments du métier, j'ai perdu mon appétence pour le football. J'ai mis tous mes maillots dans des sacs, même les tuniques qui avaient à mes yeux une valeur sentimentale voire, soyons fous, historique, et je les ai apportés au Football Club de Nantes pour les jeunes.

D'ailleurs, si, un jour, vous voyez que mon premier maillot de l'équipe de France est en vente sur un site de seconde main, dénoncez le vendeur : il s'agirait d'un faux. Le vrai, je l'avais offert à mon premier entraîneur, mon père de cœur. Il l'avait encadré et installé dans la salle à manger. Quand Reynald est mort, je lui ai demandé de me le rendre et je l'ai mis dans le cercueil de mon fils. Depuis, même si on n'efface pas les souvenirs, ceux liés au ballon rond me sont moins chers que ceux liés à Reynald.

Mon fils Mathieu, lui, a découvert une passion qui résonnait avec son for intérieur quand on lui a fourré une guitare entre les pognes. L'instrument faisait vibrer sa fibre artistique, vibrer son envie de se dépasser, d'être plus que lui-même, vibrer son envie de partage – partage avec un public et avec les copains qui *jammaient* en sa compagnie. Aujourd'hui, devenu entrepreneur, Mathieu partage plus largement sa passion avec des centaines de milliers de spectateurs en sponsorisant le Hellfest, ce festival de *metal* sis à Clisson, où les vampires sonores qui raffolent de guitares saignantes peuvent se verser dans les oreilles des hectolitres d'hémoglobine sous forme de décibels !

Mes enfants sont à l'image de tous les enfants : ce sont des négatifs qu'il faut développer... sans les forcer à devenir les clichés que nous croyons ou voulons entrevoir en les exposant à la lumière. Ainsi, ma petite-fille Pauline pratiquait l'aviron à Bergerac et semblait s'y ennuyer un tantinet. Puis elle m'a vu prendre le départ d'un triathlon et, elle qui ne pensait pas qu'elle prendrait plaisir dans l'eau autrement qu'en fendant la surface ou en barbotant, s'est aperçue qu'elle avait du plaisir à suivre son grand-père dans la mer puis en vélo.

L'apéritif lui ayant plu, elle s'est mise sérieusement à table pour boucler le triathlon de Bergerac. Aujourd'hui, elle nage comme une sirène et, sur un vélo, si elle doit encore faire l'effort pour m'accrocher sur le plat, elle a eu l'outrecuidance tantôt de démontrer sa supériorité en côte lors de notre ascension du mont Ventoux. Alors qu'elle avait à peine quinze ans, l'insolente n'a paru éprouver aucun remords, au contraire, quand elle a accéléré et m'a largué devant le fameux chalet Reynard.

Bref, pourquoi ouvrir (et bientôt fermer) cette parenthèse sur les dons, qui pourra paraître hors sujet ou égocentrique ? Parce que ce livre, à mes yeux, a deux raisons d'être.

D'une part, je veux témoigner de ma conviction que la vie est un mélange de chances innées et de capacité à les développer (chez soi ou chez l'autre) grâce à notre volonté. Cela s'applique au sport, bien sûr, mais aussi à notre vie professionnelle et à notre santé. N'oublions pas l'impact de la volonté sur le destin de chacun d'entre nous ; et tâchons de nous le rappeler quand les nuages voire les ténèbres se resserrent sur nous.

D'autre part, je veux, à ma mesure, contribuer à doper l'espoir, la gnaque et l'envie de ceux qui galèrent, souffrent, se sentent laminés par la maladie et s'étouffent de désespoir. C'est cet objectif que je poursuis en racontant l'histoire ma vie, avec ses fragilités et ses grandeurs, ses certitudes et ses hésitations, ses gouffres et ses cimes. La maladie a achevé de me persuader du triple oui que je pressentais et dont j'aimerais contaminer mes lecteurs en situation difficile :

• oui, se battre vaut la peine ;

• oui, une victoire – peut-être pas celle que l'on avait rêvée – est souvent au bout du chemin ; et

• oui, même quand la partie paraît perdue d'avance, rien n'est joué avant le coup de sifflet final.

Petit à petit, de manière parfois surprenante, avec ténacité et courage, nous pouvons nous hisser au-delà des limites que nous nous sommes assignées par modestie, épuisement, fatalisme ou soumission à l'état d'esprit négatif qui flotte dans l'air du temps. Le résultat n'est jamais garanti, mais, répétons-le encore et encore, la bataille vaut toujours le coup.

Toujours, toujours, toujours.

5.
La petite entourloupe

Si j'ai du mal à situer le vrai début de ma carrière de footballeur, c'est sans doute qu'il n'existe pas de vrai début. Pour en élaborer une image, mieux vaut penser à un puzzle qui s'assemble à un rythme inégal, plutôt qu'à une ligne sur le macadam, au départ et à l'arrivée d'un marathon.

Ce puzzle, des tas de gens se pressent pour en poser des pièces sans toujours en avoir conscience. Comme un malade recouvre la santé grâce à sa volonté de s'en sortir *et* au protocole mis en place par les soignants, un sportif doit sa carrière à sa volonté *et* aux rencontres. Sans les autres, impossible de croire en soi durablement. Impossible d'avancer. Impossible de progresser.

Les autres, ce sont ceux qui te défient, parfois te confrontent, tant il est vrai que l'on n'arrive à rien tout seul, il faut toujours quelqu'un pour t'en empêcher, ainsi que le chante Jean Dubois ! Mais les autres, ce sont surtout ceux qui croient en toi et t'amènent à découvrir une partie de ce que tu es et dont tu n'aurais jamais eu connaissance sans eux. Clairement, si mon père n'avait pas fondé cette équipe de benjamins à Ludon-Médoc, je n'aurais jamais joué au foot que lors de matchs improvisés avec les amis du moment, des anoraks ou des arbres servant de poteau.

Clairement, si les copains d'internat n'avaient pas sollicité mes services pour préserver leurs filets, je n'aurais sans doute jamais compris que j'avais *quelque chose* de plus que les autres en tant que gardien de but. Et, clairement, si je m'en étais tenu à ces petits bonheurs qui flattent gentiment l'ego, j'aurais tué dans l'œuf ce qui, de manière imprécise, commençait à se profiler.

Ainsi, me contenter de jouer avec l'équipe coachée par mon père aurait pu être limitant si je n'avais pas eu l'espoir d'intégrer, un jour, mon premier Graal : les sélections du Médoc. Or, je suis sélectionné dans l'équipe des minimes puis dans celle des cadets. On commence à me trouver bon, et je commence à en avoir conscience. À mon crédit, j'ai une bonne détente horizontale, une bonne détente verticale (cadet, je franchis 1,88 mètre en saut en hauteur), une *vista* que d'autres jeunes gardiens n'ont pas et, pour les sorties aériennes, j'y vais, je ne me dérobe pas, je n'ai pas peur.

Surtout, j'aime le côté paradoxalement sans filet du gardien de buts. Ce qui me plaît, c'est d'être seul à assumer. Si je me plante, l'attaquant adverse me troue d'un boulet, et je deviens le boulet de l'équipe. Nous, les *goals*, vivons de cette adrénaline. L'avant-centre seul devant le but, s'il tape à côté, ça ne fait pas moins un au tableau d'affichage, on en est toujours à zéro partout. Moi, si je me troue, j'offre un 1-0 à l'adversaire.

J'aime ça. Cette exigence. Cette responsabilité. Cette impossibilité de t'ennuyer, même quand tu es peu sollicité, parce que, si tu t'emmêles les pinceaux, ta boulette va se trouver en gros sur le tableau d'affichage, et que, même si tes partenaires ont la bonne idée de venir te réconforter, tu te taperas la honte de ta vie.

Quand je suis cadet, des phares m'éclairent et me laissent penser, parfois de manière inconsciente, que je ne suis peut-être pas encore allé au bout de mon aventure sur les terrains. Par exemple, à l'internat de Talence, ma route croise celle de Philippe Goubet. De deux ans mon aîné, il a, lui aussi, été cadet du Sud-Ouest et sera bientôt recruté par les Girondins de Bordeaux – il disputera quelque deux cent cinquante matchs avec ce club. Peut-être ce qui était en germe chez lui a-t-il inspiré ce qui végétait chez moi !

De fil en aiguille, sans presque que je m'en aperçoive, les pièces du puzzle s'assemblent. Rien n'était calculé. Je ne suis pas Serena ou Venus Williams. Je n'étais pas programmé pour devenir sportif professionnel. En revanche, c'est vrai, en sport, j'ai toujours été précoce. Un homme en particulier a permis à cette précocité de fructifier.

La rencontre sportive la plus décisive de ma vie s'appelle Christian Fétis. Ancien gardien de but professionnel, il est devenu conseiller technique régional (CTR) de la Ligue du Sud-Ouest. Parmi ses attributions, la plus importante à mes yeux est celle qui consiste à sélectionner les jeunes pour toute la région. Comme « M. Fétis », ainsi que je l'appelle, est aussi entraîneur à Pauillac, entre mes seize et mes dix-sept ans, je joue en équipe première au Stade pauillacais. On peut le dire, aujourd'hui, j'imagine qu'il y a prescription : à l'époque, ma licence était bidouillée par le CTR en personne, qui s'est arrangé pour fausser ma date de naissance. La faute au règlement, en quelque sorte, puisque, quand tu es cadet première année, il t'est interdit de jouer dans l'équipe première, avec les seniors. Cette petite entourloupe m'a été très précieuse, car ferrailler tout jeune au côté de vignerons de trente-cinq ans m'a aidé à grandir sportivement plus vite que la musique !

Pour le reste, Christian m'apprend mon art,

• des fondamentaux aux astuces de vieux roublard,

• des réflexes de placement aux techniques de parades,
• des pré-requis physiques aux schémas de relance.

En sus des entraînements avec les gars de Pauillac, mon mentor négocie auprès du proviseur de l'internat et obtient l'autorisation de venir me chercher à Talence le jeudi après-midi pour m'entraîner au CREPS – le Centre de Ressources d'Expertise et de Performance Sportive, rien que ça – situé à proximité.

C'est typique de ce qui m'attend : le gardien est le joueur qui court le moins, sur le terrain, mais qui s'entraîne le plus. Après l'entraînement général arrive l'entraînement spécifique. L'objectif de cette préparation est de reproduire l'ensemble des situations auxquelles un *goal* peut être confronté en compétition. Après un gros échauffement, j'ai droit à trois quarts d'heure *non-stop* associant le déboulé en solitaire d'un attaquant qui exige une sortie dans les pieds, les arrêts aériens enchaînés, les rafales de tir dont les collègues de champ se font un plaisir de m'arroser – ça balance dans tous les sens, et pas question d'attendre que tu te relèves pour t'envoyer la bastos suivante, etc.

Sans comprendre où tu es, tu te retrouves debout, couché, debout, couché, en train de capter un ballon qui frôle la transversale puis, l'instant d'après, un obus retaillant les moustaches du gazon. Te voilà plongeant à droite et te redressant quasi instantanément car une autre bombe arrive de l'autre côté. Et si ça ne te suffit pas, il te faut aussi affronter la machine de torture inventée pour travailler les réflexes. On installe une espèce de trampoline à trois mètres de ta ligne de but. L'entraîneur, dans ton dos, tire dessus. Tu ne vois arriver le ballon qu'au dernier moment, et le *coach* prend son pied à te transformer en essuie-glace. Pire : plus tu es en forme, plus il rapproche le filet de toi, réduisant encore ton temps de réaction.

Résultat, il n'est pas rare que, à la fin d'une grosse séance, je doive trouver d'urgence un endroit où expulser les triples boyaux qui me remontent à la gorge. Pourtant, j'adore ça, surtout quand il faut composer avec un terrain boueux. Que je sache, tous les gardiens adorent la boue, au contraire des terrains gelés, et ça n'a pas changé avec le temps. Je me souviens que, quand j'étais à Nantes, j'étais presque jalousé par Dominique Baratelli qui œuvrait pour Nice. Quand tu es *goal*, il faut pas qu'ça t'gêne, de plonger dans la boue !

Du moins était-ce vrai à mon époque, quand les terrains d'entraînement mais aussi ceux réservés à la compétition n'avaient pas grand-chose en commun avec les *greens* de golf des années 2020. De mon temps, trois matchs après le début de la saison, les hordes d'Attila avaient dû passer car plus un brin d'herbe ne poussait devant le but. Ne restait plus que de la terre donc, les bons jours, de la boue. Certaines équipes s'entraînaient encore sur du stabilisé. Pour des professionnels, c'était un peu folklorique…

Dès le mitan des années 1960, l'entraînement et la compétition m'aident à prendre conscience que le gardien de but occupe un poste solitaire, dangereux, compliqué, exposé et redoutablement exigeant. En un mot, plus je m'entraîne, plus je comprends que c'est un poste super. Pas à pas, je crois que je commençais à en être assez amoureux pour envisager de vivre une belle et longue histoire avec lui.

6.
L'avantage du triathlon

Lundi 10 mai 2010, c'est un autre compagnonnage que je m'apprête à débuter. Un compagnonnage dont je n'ai pas encore conscience mais qui va bientôt me prendre 100 % de mon temps.

J'ai rendez-vous avec mon ombre à dix heures du matin, chez mon médecin généraliste. J'ai convenu avec Mathieu et Mimi de m'y rendre, je ne me dérobe pas et j'arrive à l'heure.

Toujours convaincu qu'il n'y a pas le feu au lac, j'éprouve une certaine gêne à embêter cet homme de l'art avec ma petite inquiétude sans importance. Ne prends-je pas la place de quelqu'un qui aurait davantage besoin d'une consultation ? Je m'y contrains parce que j'ai promis de le faire… et parce que le disciple d'Esculape que je consulte a son cabinet juste en face de chez moi. Ça ne me prendra que quelques minutes. Mon toubib me dira que, *a priori*, ce n'est rien mais, puisque ça grossit, autant demander à un chirurgien de m'en débarrasser. En sortant, je rassurerai mes proches sans perdre trop de temps, et je promettrai à Mimi de solliciter (un jour) un rendez-vous chirurgical. Je n'imagine pas une seule seconde que, après un examen rapide, une simple question s'apprête à faire vaciller mon existence – et cette question est :

– Jean-Paul, connaissez-vous un médecin ORL ?

Par chance, je peux répondre par l'affirmative. Au club de triathlon, il se trouve que je côtoie Jean Gerhardt, un ORL qui exerce non loin de chez moi. Mon généraliste m'intime de l'appeler au plus vite. Je règle la consultation, je sors et, comme j'ai le portable de Jean, je l'appelle dans la rue. J'ai hâte de boucler cette séquence médicale afin de reprendre le cours normal de ma vie ! Intrigué, Jean m'invite à passer aussitôt au centre où il exerce, à quelques encablures de chez moi.

À ce stade du récit, je veux faire un point sur une question que le paragraphe précédent peut poser, et que la suite de cette histoire sera susceptible de susciter à nouveau.

Oui, j'ai obtenu des rendez-vous médicaux en claquant des doigts. Avoir une notoriété, une assise sociale donc des réseaux, ça aide à être traité sinon mieux, du moins plus vite (donc, souvent, mieux, il faut l'admettre) que le *vulgum pecus*. Qu'importe si, à titre personnel, je me considère comme un *vulgum pecus* qui, par une volonté de tous les instants, a, à sa mesure, « réussi ». Tout au plus ajouterai-je que mes réussites professionnelles ne m'ont jamais tourné la tête. À mes yeux, elles ne se mesurent pas seulement en termes pécuniaires. Je les apprécie surtout pour ce qu'elles me permettent de partager avec les autres.

Ainsi, je suis heureux d'avoir été un footballeur international et d'avoir pu vivre cet honneur devant des palanquées de passionnés de foot, qui ont vibré au cours des matchs du FC Nantes et de l'équipe de France auxquels je participais. Se retrouver au cœur d'événements qui remuent profondément autant de personnes, c'est exceptionnel. Savoir que, des dizaines d'années après, quelques-uns se souviennent encore des émotions, des déceptions et des succès que nous avons remportés est ma vraie fierté.

Être footballeur ne consiste pas qu'à fixer un ballon toute la sainte journée ou chercher à dompter un adversaire. Être footballeur, c'est vibrer. Vibrer avec ses copains sur le terrain et vibrer avec les spectateurs, quel qu'en soit le nombre et à quelque niveau que l'on joue. Être footballeur professionnel, c'est partager plusieurs fois par semaine des moments de doute et d'euphorie avec des dizaines de milliers de personnes. Constater que, en 2022, quelques éclats de ce passé continuent de faire vibrer me pousse à penser que, à mon échelle, j'ai « réussi » dans ce domaine.

De même, je suis heureux et fier d'avoir fondé une entreprise qui fonctionne très bien, pas tant pour la gloriole et les subsides qu'elle m'apporte mais parce qu'elle est

• le fruit de ma ténacité,

• une trace d'espoir (j'espère) pour ceux qui partent de bas et se battent pour s'en sortir,

• un pied-de-nez aux derniers imbéciles qui assimilent tous les fouteux à des crétins sans cervelle et, surtout,

• une manière de garantir à la fois mon avenir et celui de mes proches.

Cette liberté d'esprit – car, en dépit de la charge de travail qu'elle exige, c'en est une – qu'offre la « réussite », n'obère rien de qui je suis. Je sais que je viens d'une origine modeste. Je sais combien je me suis démené pour m'en sortir. Je sais ce que galérer veut dire. Ma réussite m'oblige. Oui, je fréquente souvent des endroits huppés donc des gens qui ont un *standing* certain ; et, oui, je pars en vacances dès que je le peux dans des endroits paradisiaques ! Mais je me sens aussi à l'aise dans la simplicité et le contact avec chacun, sans distinction de fric ou prévention d'aucune sorte. Discuter avec un type en costard Arnys, en bleu de travail ou en survêtement délavé, quelle différence, au fond ? C'est l'échange qui compte, la chaleur humaine, la joie d'avoir partagé quelques mots ensoleillés de bienveillance. Je veux croire avec objectivité que, quelque évolution ait connu ma notoriété ou mon compte en banque, elle ne m'a jamais grignoté le cœur.

D'où cette précision un peu longue, j'en suis conscient, mais que je juge indispensable. En effet, je ne vis pas dans une tour d'ivoire. Je me doute que chaque Français ne parviendrait pas à décrocher un rendez-vous avec un généraliste pile quand il le demande ; spécifiquement, je sais que, en 2022, en France, il est souvent extrêmement compliqué d'obtenir une consultation chez un spécialiste aussi recherché qu'un otorhinolaryngologiste ; je sais que les déprogrammations liées au Covid, depuis la pandémie de 2020, ont fragilisé le pronostic et les espoirs de milliers de patients ; et je suis bien placé pour savoir que, quand une maladie aussi grave que le cancer menace, la rapidité est un facteur-clef de la réussite des traitements. Et pourtant, oui, j'ai obtenu mes deux rendez-vous en un tournemain. Pas trois semaines ou trois mois plus tard – illico.

Disons les choses comme elles sont : je n'en éprouve pas de vergogne. Pourquoi diable en serais-je confus ? Il n'est pas scandaleux, me semble-t-il, d'avoir de bons amis médecins et d'en « profiter » comme on solliciterait au besoin un ami artisan pour bricoler chez soi.

En revanche, il est scandaleux, épouvantable et triste à pleurer que le système de santé français, bien qu'il soit loin d'être le pire du monde, exige souvent des malades une patience démesurée, laquelle peut s'accompagner d'une perte de chance irrattrapable. Il est honteux que, alors qu'une pandémie mondiale a mis en évidence, si besoin était, la fragilité de notre système de soins, nous continuions à supprimer des lits d'hôpitaux et à augmenter la proportion d'administratifs par rapport aux soignants dans les CHU. Il est immonde de laisser pourrir à petit feu des bâtiments et de laisser mourir des services de soins pour, ensuite, les supprimer en constatant qu'ils ne sont plus aux normes, fournissant ainsi des économies « nécessaires » au détriment des populations. Il est immoral de verser des milliards d'euros à des « cabinets de conseil » judicieusement introduits dans les bons cercles puis de couper dans les budgets essentiels aux citoyens, dont l'hôpital, l'école ou la police, sous prétexte qu'il n'y a plus d'argent et qu'il faut éviter de creuser la dette en période de stagflation.

C'est ça, le problème. Pas les coups de pouce dont a bénéficié Bertrand-Demanes.

Donc, quelques minutes à peine après être sorti du cabinet du généraliste, je débarque dans le cabinet de mon ami Jean. Je mentirais en disant que je vis, alors, le meilleur de notre relation à cette occasion car, bien obligé, Jean me passe une caméra dans le pif. Cahin-caha, l'objet glisse dans ma gorge dans un silence entrecoupé de mes grognements, que je tâche de maîtriser. Puis la caméra ressort. Première victoire, j'ai survécu à cette expérience pas douloureuse mais trrrrrès désagréable. Tandis que je me remets, mon ami praticien me lance :

– Attends, bouge pas, Jean-Paul. Reste sur ton siège. Je vais t'annoncer une drôle de nouvelle. Je crois que t'as un cancer.

Sur le coup, je tique. Mon premier réflexe est d'exprimer un scepticisme. Comment Jean peut-il me sortir une telle fadaise ? Moi, cancéreux ? Je n'ai mal nulle part, je fais du sport, je ne fume pas, je bois raisonnablement et je me porte presque comme un charme ! Jean insiste :

– On va faire une biopsie pour vérifier, mais tu penses bien que, si je t'assène ça, c'est que je suis pas loin d'être sûr de moi.

Et, comme pour m'aider à graver la nouvelle dans mon cerveau, il répète :

– Je crois *vraiment* que t'as un cancer.

7.
La boulangère de Pornichet

Jean a raison d'insister. La preuve : même ainsi, j'ai peine à saisir le bienfondé de son ton solennel. À cette époque, pour moi, « le cancer », ça ne veut rien dire. Le mot est rangé dans la case des vicissitudes humaines prises en charge par la médecine, pas dans celle des horreurs qu'une grande partie des humains – un homme sur cinq et une femme sur six, ai-je appris ensuite – a de grandes (mal)chances de croiser sur sa route. À ma décharge, parmi mes amis, très peu ont été frappés par cette maladie. Moins que très peu, en réalité : à cette époque, aucun. *A posteriori*, je trouve cela étrange. La vague du cancer n'a pas commencé en 2010. Je n'ai pas lancé une nouvelle mode !

Depuis, j'ai appris. De nombreux amis chers ont été tués par « le crabe ». Parmi eux, je pense à Antoine, un type brillant, haut placé dans un important cabinet de courtage nantais. Antoine est un ami très proche, avec qui nous partageons plus que des rencontres occasionnelles ou une admiration à peine cachée pour la boulangère de Pornichet auprès de qui nous allions avec empressement acheter les croissants du dimanche matin.

Nous avons tous deux un logement à Nantes et un autre à La Baule. Quand nous partons au bord de l'eau pour le *week-end*, nous nous appelons sur la route. Nos appartements sont proches, si bien que le premier arrivé est chargé de vérifier les glaçons, de préparer le whiskey et de réserver le restaurant sur la plage où nous irons dîner.

Je dois beaucoup à Antoine. Quand je me suis lancé dans les affaires, Antoine a briefé le commercial gauche et mal dégrossi que j'étais. Il m'a rappelé des principes de base, ceux que je croyais connaître mais que j'oubliais parfois, à mes débuts, lors des rendez-vous. Par exemple, celui qui dit : « Intéresse-toi aux gens avant de chercher à les intéresser à toi. » Quand je pense à ce mantra, l'illustration qui va avec me revient aussi :

– Jean-Paul, soupirait Antoine, si on te reçoit pour affaires et que tu passes devant une maquette de bateau sans réagir, tu as perdu le contrat. À l'inverse, si tu réagis, tu montres que tu es à l'écoute et, d'emblée, ton côté *business* se teinte de partage, presque d'amitié. C'est essentiel.

Un jour, je débarque pour déjeuner avec mon attaché-*case*. Antoine se frappe le front.

– Mais qu'est-ce que tu fabriques avec cette horreur ? Tu le poses sur la table et tu l'ouvres pour sortir tes dossiers, c'est ça ? Donc, pendant que la femme de ton prospect lui serine qu'investir dans tes combines, c'est risqué, tu te coupes de lui, tu crées une barrière ?

Bref, entre franchise, excès, anecdotes et plaisanteries, Antoine m'apprend beaucoup sur mon nouveau métier. Hélas, les médecins lui découvrent un cancer du pancréas. Cette fois, c'est moi, puisque « je l'ai eu » avant, qui motive mon ami à défaut de le coacher. Antoine s'accroche vaillamment. Jusqu'à ce coup de fil qu'il me passe pour me proposer d'aller déjeuner d'un ris de veau à l'Atlantide, un restaurant étoilé de Nantes sis sur la butte Sainte-Anne. Je suis libre. J'accepte.

On se retrouve tous les deux, sans nos épouses, devant le divin ris de veau roussi au beurre, accompagné de citron jaune, de pommes de terre et d'oignon – même si, dans un restaurant chic, les patates s'appellent plutôt « Sirtema de Saint-Urbain » et l'oignon « cébette ». Ce délice, Antoine a pourtant du mal à l'apprécier, je le vois bien. On parle pendant quatre heures sans boire une goutte d'alcool, ce qui n'est pas forcément bon signe. Quand on se quitte devant le restaurant, je marque un temps d'arrêt. Je comprends que, sans que je m'en rende compte pendant le repas, nous venons de nous dire adieu plutôt qu'au revoir.

L'un derrière l'autre, nous regagnons nos véhicules et démarrons. À un moment, nos chemins se séparent. Quand sa voiture tourne à droite, je mets le clignotant, je me gare sur le bas-côté et je me mets à chialer à grands seaux. Je sais que je ne le reverrai plus vivant. Antoine meurt un mois après. À son enterrement, quand je pose la main sur son cercueil, je m'écroule devant le tout-Nantes venu lui rendre hommage. Je me fous du regard des gens. Sa femme me prend dans les bras et nous restons un long moment l'un contre l'autre, hébétés, inondés de chagrin, près d'Antoine.

8.
L'autre sport

En 2010, ce que cache le mot « cancer », le contenu de la maladie, les traitements, la létalité de cette cochonnerie, je n'y connais goutte. Je suis encore innocent. Naïf. Disons-le : un brin concon. Mes proches ayant été épargnés par cette pathologie, je ne réalise pas ce que le diagnostic de « cancer » signifie. Passé l'étonnement, je me contente de prendre acte. Ayant une confiance aveugle dans Jean, comme ami, comme praticien et comme spécialiste, j'accepte le verdict sans paniquer, et pas seulement parce qu'il en faut beaucoup pour m'abattre. Mon calme est surtout indifférence. J'accueille la nouvelle comme j'aurais accueilli n'importe quel verdict. Je pense : « OK, j'ai un cancer, je vais me soigner, *let's go* ! »

Je ne suis pas plus ébranlé que lorsque l'on m'avait diagnostiqué une entorse du genou ou une grippe. Je ne prépare pas mes obsèques, je ne pleure pas sur l'injustice qui me frappe, je ne rédige pas en urgence un testament – mais alors, pas du tout ! Ni bravoure, ni fanfaronnade, ni accès de zen. Je suis, simplement, 100 % ignorant. L'évolution, les traitements, le danger : je n'en connais rien.

Même quand Jean me dégotte un rendez-vous, deux jours plus tard, pour la consultation pré-anesthésie en vue de la biopsie, je ne me rends pas compte de ce qui est en train de se jouer. Je suis malade, je subis des examens pour vérifier comment on va me soigner au mieux : normal, non ?

Ce nonobstant, les signes que ce qui se trame dépasse la gravité d'une entorse ou d'une grippe ne tardent pas à s'accumuler. Bientôt, dans le concert de ma sérénité, résonnent dissonances et fausses notes.

Une biopsie et un scanner plus tard, mon ami Jean me rappelle. Ses soupçons étaient fondés. J'ai ma carte de membre, je suis cancéreux. Plus grave, j'ai un cancer « de stade 4 ». Sachant qu'il ne s'adresse pas à un spécialiste, il traduit l'expression dans une langue plus à ma portée. Je ne me souviens plus de ses termes précis, mais le sens, lui, m'est resté : ça va être chaud.

Là, je tilte. Le ton solennel de Jean n'était pas usurpé. La nouvelle est très mauvaise. À mon tour, je reformule le jargon médical en termes sportifs. L'adversaire a l'air costaud. Va falloir serrer les dents. Le match s'annonce plus que serré – « compliqué » serait un terme mieux approprié. Pas gagné d'avance. Donc je raisonne en sportif et pense : « Bah, tant pis, un match équilibré est toujours plus intéressant à jouer qu'une partie pliée avant le coup d'envoi ! »

Pour autant, même après avoir mieux mesuré la montagne qu'il va me falloir gravir, je ne prends pas un coup sur la carafe. Je vois la maladie comme un défi.

Évidemment, dans ce déplacement du domaine médical au domaine sportif, il y a beaucoup d'inconscience, un poil de bravade… et peut-être une once de vérité. J'ai l'intuition que m'attend un parcours du combattant. Or, je n'ai jamais été du genre à me dérober devant la difficulté, l'adversité ou l'hostilité. On ne devient pas footballeur international en évitant de se dépouiller à l'entraînement puis en ne rêvant que de rencontrer des attaquants faiblards ou des équipes de division d'Honneur. Il faut aimer la bagarre et le *challenge*, partant, se préparer en conséquence. L'aventure entreprenariale est un autre sport, mais j'y ai retrouvé ce mélange entre l'exigence envers soi-même, d'une part, et, d'autre part, l'ivresse du défi que d'aucuns jugeraient insurmontable alors que, dans ta tête, c'est parce qu'il a l'air insurmontable qu'il te stimule et te permet de te mobiliser de l'ongle du petit orteil à la pointe des cheveux.

Jusqu'à présent, j'ai passé ma vie à lutter pour renverser, selon les moments, la médiocrité, le banal ou l'impossible. J'ai parfois échoué, je me suis souvent remis en question, mais j'ai toujours réussi à aller de l'avant. Aussi est-ce dans cette perspective mi-sportive, mi-martiale, que j'envisage ce qui m'attend. Ne pas en connaître le détail, parce que l'oncologie est, pour moi, une *terra incognita* et parce que l'on n'insulte pas l'avenir, a pu m'aider.

Cependant, eussé-je su concrètement ce qui m'attendait, je veux croire que j'aurais mêmement accepté les épreuves en me focalisant sur une obsession et une certitude, que je formulerais ainsi (j'invite les lecteurs dont les yeux sont sensibles aux sautes de langage à avoir l'amabilité de passer directement au prochain chapitre sans lire les trois lignes qui suivent) :

- je vais me battre,
- je vais en chier, et
- je vais gagner.

9.
Le polo vert

Me battre, souffrir et gagner est une trilogie qui m'a accompagné au long de mes carrières dans le sport puis en entreprise. Je me souviens d'une rencontre avec quelqu'un qui savait ce que cela signifiait. Un soir où nous étions en transit à Paris, avec le FC Nantes, mon coéquipier Hugo Bargas, défenseur central de métier, me propose de rencontrer son compatriote Carlos Monzón, qui prépare dans la capitale l'un de ses deux combats légendaires contre Jean-Claude Bouttier. Je saute sur l'occasion.

Sur les coups d'une heure du matin, nous nous retrouvons à l'hôtel Méridien de Montparnasse où nous patientons au bar du rez-de-chaussée. Je suis pris d'un doute. À l'époque, Carlos Monzón est une légende de la boxe. Même si Hugo est copain avec lui, pas sûr qu'il ait envie de tailler une bavette avec un vague fouteux français qui ne parle même pas espagnol… Mon partenaire s'amuse de mon scepticisme et m'assure que le maître des rings ne va pas tarder. Et, soudain, en effet, le type arrive.

Je suis saisi. Il a des épaules presque aussi larges qu'un but de foot. Il est taillé comme un roc et plus affûté qu'un couteau après son passage chez le rémouleur. Très brun, presque façon Charles Bronson, il n'a pas une marque sur le visage. Un instant, on pourrait se demander s'il est boxeur, top-modèle ou danseur étoile !

Je me souviens – la mémoire se focalise parfois sur d'étranges détails – qu'il était vêtu d'un polo un peu éponge, vert bouteille et que, malgré cet accoutrement peut-être pas au top de la mode, il était impressionnant. Quand il m'a serré la main, j'ai découvert ses battoirs... et lui a découvert ma taille car je me suis levé pour le saluer. Il a lancé à Hugo :

– Fichtre, ton copain a envisagé de pratiquer la boxe ?

J'en rigole encore : non merci, sauf nécessité extrême dans la vie de tous les jours. La prestance, la rigueur, l'exigence et l'investissement de ces sportifs dans leur art me laissent pantois. Lorsque l'on s'aperçoit que des vedettes mondiales savent, en dépit de leur aura, rester accessibles et cordiaux, on reste encore plus modeste... quelle que soit la fin pour le moins triste que connaissent certains d'entre eux, Carlos Monzón au premier chef.

Jeune footballeur, sans que je cherche jamais à me sculpter le physique du meilleur poids moyen de mon temps, la trilogie lutte-souffrance-victoire que vit tout sportif exigeant, champion du monde ou non, est rapidement devenue mon premier trait de caractère. J'aime la compétition, et je sais que, pour l'emporter, il faut se préparer, s'améliorer, ne craindre ni la confrontation, ni l'opposition, ni le dépassement de soi... et se fixer des objectifs.

Quand le foot a commencé de grignoter mon temps libre et de s'imposer comme une composante essentielle de ma vie, j'ai suivi cette perspective en fixant à chaque fois un seuil raisonnable pour mes ambitions. Ce n'est pas la seule méthode pour progresser. Certains collègues professionnels escomptaient d'emblée transformer leur loisir en métier, et cet horizon à long terme les a aidés à surmonter les épreuves, les difficultés et les galères consubstantielles à toute vie, y compris celle d'un sportif !

Moi, je me considère comme un besogneux. Je préfère monter marche après marche sans me préoccuper de celle qui sera la plus haute. Peut-être pour ne pas avoir le vertige en pensant au chemin escarpé qu'il me reste à parcourir ; peut-être aussi parce que je sais que cet escalier n'a pas de fin, et que je risquerais de vite m'essouffler si j'avalais les premières volées quatre à quatre alors qu'il en reste des palanquées à gravir avant d'arriver à un palier sinon définitif, du moins satisfaisant.

En relisant ma carrière à l'aune de ce qui m'est arrivé depuis le 15 mai 2010, je constate que cette attitude associant volonté implacable et souci de progresser *step by step* ne m'a jamais quitté. En minime, j'ai été sélectionné dans l'équipe départementale – premier palier. En cadet, je débarque en équipe régionale. C'est un pas important car il est indispensable pour réaliser mon ambition : arriver, après les matchs de poule et le tableau des qualifiés, en finale de la Coupe nationale des cadets, qui se dispute en levée de rideau de la finale de la Coupe de France.

Je vis donc ma sélection comme un cadeau, d'autant que, à ce niveau, la concurrence devient plus sérieuse que lorsque je n'étais « que » cadet du Médoc. Dans le département, sans manquer de respect aux collègues, je suis assez au-dessus du panier pour savoir que le *coach* aurait envisagé de me faire jouer même si j'avais eu une jambe dans le plâtre. Dans la région, je reste un cran au-dessus, mais je comprends que je ne dois pas m'endormir sur mes lauriers.

Cette certitude est restée mon leitmotiv. Pour paraphraser Cyrano : « Ne pas monter bien haut, peut-être, mais ne pas stagner ! »

10.
Le haut du panier

La pression augmente quand, junior, je franchis un nouveau palier en étant appelé en équipe de France. Une telle sélection permet de pénétrer dans l'antichambre du football professionnel. Autant dire que les places deviennent chères. Celle de gardien en général et celle de gardien titulaire en particulier n'échappent pas à la règle.

Rien de perturbant pour moi : voilà un moment que je suis habitué à la concurrence. Elle me stimule et m'aide à me dépouiller à chaque entraînement. Un titulaire sait que le remplaçant ambitionne d'être considéré comme meilleur que lui pour être élu calife à la place du calife. Il le sait d'autant plus que, quand il est redevenu l'Iznogoud de l'histoire, à son tour, il va se mettre minable lors des stages préparatoires pour reprendre ce qu'il considère comme *sa* place ; et ainsi de suite !

Autour de nous, ça grouille, et l'enjeu dépasse le simple fait, pas si simple en réalité, d'épater le sélectionneur et d'impressionner les copains de l'équipe. Quoique l'affaire soit moins organisée qu'aujourd'hui, tous les clubs laissent traîner des yeux intéressés sur nos matchs. Nous sommes la chair fraîche susceptible de nourrir les ogres que sont les clubs professionnels...

Dès lors, apparaître sur la feuille de match, tenir son rang et briller ou faire briller l'équipe ne sont pas des options, ce sont des exigences, des obligations, une question de vie ou de mort. Sans exagérer. Je crois que, collectivement, nous avons dû être à la hauteur des attentes, dans la mesure où l'ensemble de l'équipe où je joue passera professionnel – je pense par exemple à Raymond Domenech, à Christian Sarramagna, à François Bracci, à Bernard Gardon, à Claude Arribas (le fils de José) et à Gérard Gili, qui était mon remplaçant dans les cages… On formait une fine équipe !

Je me souviens que nous nous sommes hissés jusqu'en demi-finale du « tournoi européen » en Écosse (le championnat d'Europe de la catégorie espoirs). Je n'ai pas pris un but de tout le tournoi, mais, après avoir obtenu un 0-0 face à l'Allemagne de l'Est, nous nous sommes inclinés « à la pièce ». Ce substitut aux penaltys – qui n'existaient pas, à l'époque, pour les jeunes – consistait à rassembler, dans le vestiaire de l'arbitre, les deux capitaines et quelques représentants des deux délégations.

Le vestiaire de l'arbitre était entre notre vestiaire et celui des adversaires. Claude Arribas nous représentait. Dans notre réduit, à travers une cloison qui ne devait pas être très épaisse, nous avons entendu rouler la pièce. Puis un silence. Puis des hurlements en allemand. Notre sort était scellé. Nous ne rencontrerions pas en finale les Pays-Bas emmenés par Johnny Rep, une équipe qui préfigure les grandes heures de l'Ajax Amsterdam.

Elle me reste en travers de la gorge, cette défaite. Je la trouve terriblement injuste… même si je me doute que, avec les mêmes règles et le soupçon de mauvaise foi indispensable au sportif, fût-il bon joueur et respectueux de l'adversaire, je n'aurais pas trouvé injuste que nous soit accordée la victoire ! N'empêche, à ce stade de ma vie sportive, le cap est franchi. Je ne suis pas encore professionnel mais, ça y est, j'en rêve.

J'ai de bonnes raisons de rêver. Les Girondins de Bordeaux tournent autour de mes parents depuis quelque temps. Christian Fétis leur a conseillé d'attendre avant d'accepter leur offre. Le dernier grand succès de Bordeaux remonte à 1950, presque vingt ans plus tôt, quand le club a remporté le championnat de France ! Si le club est solide, il ne fait pas partie du haut du panier. D'après Christian, en dépit de mon impatience inquiète, j'ai le temps et je peux viser plus haut. Nous n'y connaissons rien, nous lui accordons notre confiance, et nous avons infiniment raison car, après ma sélection en junior, Nantes me propose de devenir stagiaire (à l'époque, il n'existait pas de véritable centre de formation dans ce club).

Cette fois, pas d'hésitation, Christian Fétis encourage mes parents à accepter. Le club est plus huppé. Il a été deux fois champion de France en 1965 et 1966. Il a également raflé le Trophée des champions. De plus, le collectif professionnel est entraîné par José Arribas, dont la réputation d'exigence et d'excellence n'est plus à faire. En revanche, il y a urgence : je dois signer avant le 1er novembre, date limite pour obtenir une nouvelle licence et changer de club.

D'un coup, tout change.

Un lundi de novembre 1969, j'arrive à Nantes avec ma mère. On remplit les paperasses indispensables. Elle signe. Je rejoins le trio de jeunes prometteurs, au sein duquel brillent le milieu Gilles Rampillon ainsi que les défenseurs Bernard Gardon et Claude Arribas. Nous sommes le pendant breton de l'équipe junior, pour partie captée par Saint-Étienne qui avait notamment happé Christian Lopez, Christian Sarramagna, Alain Merchadier et Christian Synaeghel.

10. Le haut du panier

J'investis la chambre que le club loue pour moi chez l'habitant, rue George-Sand. Ma mère repart. Je sais que, moyennant cinq heures de route depuis Bordeaux dans la Dauphine maison (le bus occasionnel de notre équipe de benjamins !), elle reviendra régulièrement voir les matchs avec celui que j'appelle « le père Demanes », « le monsieur » à qui je vouerai une affection reconnaissante jusqu'à mon dernier souffle.

Sur le moment, même si je suis fier, même si je suis heureux, même si je sens que j'ai enfin les cartes en main pour réussir ce qui me tient à cœur, j'ai les mâchoires qui se serrent pour ne pas me laisser déborder par mon émotion. En clair, sans jouer les bravaches, j'affiche une sérénité que je suis loin de ressentir.

Je vais en avoir besoin, de ma fausse sérénité, car, le lendemain matin – un mardi, donc –, j'intègre le groupe professionnel. Le mercredi, je joue avec la première au stade Marcel-Saupin, contre l'Olympique de Marseille. J'ai été recruté pour être opérationnel dès mon arrivée. Jean-Michel Fouché est blessé, et l'autre gardien remplaçant n'est pas jugé au niveau. On me laisse entendre que, le titulaire étant *out* et le remplaçant bon pour la Quatrième division, ils ont le choix entre le jardinier et moi. J'emporte le morceau.

Le lendemain de ma grande première, entraînement. Le vendredi, re-entraînement. Le samedi, on part jouer à Sochaux. Je suis du voyage. En attendant que le patron se rétablisse, je peux avancer mes pions, prouver ce que je vaux et m'améliorer.

Désormais, mon *planning* est réglé. Quand on a match le samedi, on a aussi décrassage dimanche matin, entraînement mardi matin et après-midi, mercredi matin et après-midi, jeudi et vendredi matin. Quand on a match deux fois par semaine, les entraînements de l'après-midi sautent. Ma vie de footballeur professionnel commence, et elle est bien lancée.

En apparence du moins.

11.
L'instinct du fêtard

À peine installé stagiaire, j'apprends ce que la tentation veut dire. Vous voyez Milou partagé entre le devoir angélique de remplir la mission qui lui a été confiée, et la tentation diabolique de choper un os ou de siroter du whisky ? Vous avez une bonne idée du dilemme que peut éprouver un footballeur stagiaire, en 1969.

Je sais, je sais très bien, que je pourrais sortir faire la nouba tous les soirs car, d'emblée, je gagne, primes incluses, quelque trois mille francs par mois. Aujourd'hui, même converti en « équivalent euros actuels », cette somme paraîtrait dérisoire à n'importe quel footballeur jouant dans un grand club professionnel de Ligue 1. Toutefois, pour donner une idée de ce qu'elle représentait, à l'époque, il faut savoir qu'un instituteur débutant – notabilité très respectée en ce temps – gagnait alors neuf cents francs (137,20 €) par mois.

Poursuivons la comparaison pour la rendre plus saisissante : en 2021, un professeur des écoles de premier échelon gagne 1430 € net (pour rappel, au 1er mai 2022, le SMIC mensuel net est de 1302,64 €) ; primes comprises, l'équivalent de mon salaire aurait été de 8580 €. En 2021-2022, le salaire moyen en Première division est de 100 000 € brut[1], 67 000 € si l'on omet le

1. *Ouest-France*, 22 mars 2022

Paris-Saint-Germain où il frise le million[1]. En somme, un footballeur de top niveau gagne entre 47 et 70 fois plus qu'un instituteur. Même si tout ne se résume pas à une histoire de sesterces sonnants et trébuchants, peut-être ce *gap* – que certains jugeront sinon obscène du moins singulier – entre les émoluments contribue-t-il, à sa mesure, à expliquer pour partie qu'il reste plus de postes à pourvoir dans les écoles de l'Éducation nationale que dans les meilleures équipes de foot du pays.

Dans la tête d'un petit jeune fraîchement lâché dans la nature (comme pour tout être normalement constitué), la somme extravagante qui m'est dévolue a beaucoup d'arguments susceptibles de faire perdre le sens des réalités ; et je ne suis pas un ascète. Georges Eo, le milieu du FC Nantes, m'emmène parfois faire la ribouldingue. À mes yeux, Georges est un vieux de la vieille car il a quatre ans de plus que moi. Il conduit, il a une voiture, et il sait trouver les arguments pour m'emmener – et pas à l'insu de mon plein gré, je le reconnais volontiers ! – fêter une victoire en allant boire un coup en boîte. Néanmoins, ces escapades sont rares. Je garde la tête froide car mon objectif est d'être toujours meilleur et de viser plus haut.

Je suis un sportif de haut niveau qui en veut. Chaque fois que je réussis ce qui paraissait quasi impossible, ça me donne la gnaque pour aller de l'avant. Je sais que l'impossible est souvent très relatif. Cet état d'esprit passe par une condition *sine qua non* : je dois m'astreindre à une hygiène de vie stricte. Hormis quelques foucades qui relâchent la soupape, je me tiens à cette règle.

1. *Le Figaro*, 22 mars 2022

Tous mes compères n'optent pas pour cette exigence. Par exemple, là où je loge, loge aussi Dominique, stagiaire pro comme moi. L'argent aiguillonne son instinct de fêtard. Gagner autant pour demeurer reclus dans une pauvre chambre chez l'habitant, cela peut légitimement sembler absurde. À la tentation, ne résiste pas qui veut. Je ne suis pas insensible aux joies du défoulement, mais je m'en tiens à mon projet football. Je-veux-ré-us-sir.

Pendant que Dominique enchaîne les javas nocturnes, je reste dans ma chambre en mode lecture tranquille. Je n'ai rien d'un petit saint, mais mon démon intérieur est autre. Seul le dépassement de mes limites sportives m'intéresse. Or, ne nous racontons pas d'histoire et renversons les fantasmes, aucun sportif ne survit dans le monde professionnel sans mettre au premier rang sa capacité à être durablement à 100 % à l'entraînement. Surtout quand il débaroule dans un monde où la notion de concurrence est un euphémisme pour désigner ce qui se vit en permanence. Comme l'écrit Paul Valet, « chaque homme est traversé par des voies sans issue ». Il faut prendre garde à ne pas nous engager trop avant dans les plus dangereuses, faute de ne pouvoir faire demi-tour à temps.

La sanction tombe à la fin de la première saison : Dominique n'est pas retenu par le club. Il retrouvera, pour quelques saisons, un poste de milieu en Deuxième division, dans le club d'Angoulême. Je n'ai pas besoin de cette leçon – cruelle car Dominique était un bon gars et un sportif très prometteur – pour rester *focus*. Impossible de demeurer dans l'effectif de l'équipe première de Nantes sans passer avec brio par la case fastidieuse de l'entraînement du matin. Or, il faut être plus que bon à l'entraînement parce que, quand tu y démontres tes qualités, tu as une chance d'être sélectionné par l'entraîneur pour le prochain match.

Lorsque j'arrive à Nantes, je ne suis pas le seul gardien. Face à moi, il y a notamment la statue du commandeur, Jean-Michel Fouché. Jean-Michel est le titulaire officiel que je suis invité à déboulonner en le remplaçant à l'occasion de sa blessure. Mes prestations ne sont pas jugées déshonorantes mais, quand Jean-Michel se remet, le titulaire remplace le remplaçant. Je l'écris sans acrimonie car, au haut niveau, du moins à l'époque où je suis joueur, il n'y a pas de cadeau : si tu es bon, tu joues ; si tu te troues et que ton remplaçant est bon à l'entraînement, tu retournes cirer le banc. Donc, si Jean-Michel garde sa place de titulaire, c'est qu'il démontre qu'il n'est pas titulaire sans raison. Le commandeur est au-dessus du p'tit jeune !

Loin d'être découragé, je m'accroche. Pendant un an et demi, je m'entraîne d'arrache-pied ; et les premiers signes encourageants arrivent lors de la saison 1971-1972. L'entraîneur juge que je suis devenu meilleur que Jean-Michel pendant une demi-saison. Victime d'un panaris, pathologie rédhibitoire pour un gardien, je dois néanmoins céder mon poste de titulaire à Jean-Michel... avant de le récupérer la saison suivante, Jean-Michel étant parti au Stade de Reims.

Signe de confiance à mon endroit, le staff engage pour me seconder non pas un jeune aux dents longues mais un autre gardien trentenaire, donc expérimenté, capable de servir de doublure instantanément opérationnelle au cas où je me blesserais. Je pourrais sans doute être dans de meilleures conditions pour performer mais, honnêtement, je ne vois pas comment !

12.
La valeur de la blessure

La vie d'un sportif ne se résume pas à ses titres de gloire. Pour s'en dessiner une idée moins inexacte, il faut aussi le prendre avec son lot de blessures – non pas pour le plaindre plutôt pour le voir à l'œuvre quand il s'agit de surmonter ses fragilités.

Dans mon expérience, les deux aspects – gloire et souffrance, pour le dire vite – sont complémentaires. Je veux croire que cette obligation à surmonter les coups durs m'a aidé quand le couperet du cancer est tombé sur ma tête. Chacun de nous, même ceux qui n'ont jamais pratiqué de sport, peut se battre pour relever la tête, s'accrocher et remonter la pente quand une sacrée tuile ou un coup de bambou fracasse son museau.

J'ai évoqué quelques moments difficiles. Toutefois, afin d'illustrer mon propos et d'étayer ma conviction, je voudrais évoquer deux moments qui ont contribué à me forger le caractère.

Le premier se déroule alors que je suis cadet, autour de 1968. À Pauillac, je suis sous la houlette de Christian Fétis, qui a quitté son poste de gardien pour jouer libéro devant moi. Quand les gaillards de Margaux ou de Saint-Estèphe montent à l'assaut et qu'ils essayent d'impressionner le minot de seize ans, bien que je sache me défendre, mon mentor est le premier à leur laisser entendre qu'ils n'ont pas trop intérêt à me bouger.

Un jour, au stade municipal de Toulouse, en Coupe nationale des cadets, pour un quart de finale retour, je suis le gardien de l'équipe du Sud-Ouest que *coache* Christian. Face à nous, les cadets du Midi. À la mi-temps de la seconde mi-temps, je me tords le genou. Mon articulation gonfle de façon spectaculaire et m'empêche presque de marcher. Problème : le sélectionneur a choisi de ne pas mettre de gardien remplaçant sur la feuille de match afin d'avoir une solution supplémentaire parmi les joueurs de champ. Il ordonne donc au kiné de me bander le genou, tout en sachant que c'est cautère sur une jambe de bois, puis il me lance :

– C'est bon, t'as rien, ça va tenir, tu vas voir, tant qu'c'est chaud, ça n'craint rien !

Inutile de lui expliquer que, non, ça ne va pas tenir, ça ne tient pas, la douleur est insoutenable. À peine ai-je émis (voire gémi !) une légère réserve, il sort de ses gonds et se met à m'insulter.

– Espèce de grand con, vocifère-t-il, mais vas-y, arrête le match ! File prendre ta douche, abandonne les copains, te gêne pas ! Sauf que, après, tu rentres à pied, j'te l'garantis !

Pendant les vingt minutes restantes, il se plante derrière le but et m'invective sans discontinuer.

– Vas-y, sors ! hurle-t-il. Arrête de faire ta mauviette, tu peux y aller ! Montre-moi ce que t'as dans l'ventre, bon sang !

Ses provocations portent leurs fruits. Je finis le match, et nous nous qualifions pour la demi-finale face aux cadets de l'Alsace. Aussitôt après le coup de sifflet final, Christian se jette sur moi et me porte quasi en triomphe au vestiaire… jusqu'où j'aurais été incapable de boitiller seul. J'ai conscience que, s'il ne m'avait pas houspillé pendant mille deux cents secondes, je serais sorti tant la souffrance était intense ; et je crois que me voir tenir contre toute logique, qui plus est sans encaisser de but, l'a conforté dans l'estime qu'il avait de moi.

De nombreuses années plus tard, je pense que la lueur que j'ai aperçue dans ses yeux ce jour-là valait largement la violence de mon affreuse blessure.

13.
Le goût de la pelouse

J'ai souvent repensé à cet épisode, et particulièrement lors du second match qualificatif que je voulais évoquer, avec l'équipe première du Football Club Nantais, cette fois. Le 18 septembre 1974, devant quinze mille spectateurs, se déroule à la maison le premier tour aller de la C3 européenne. Nous concédons le match nul 2-2 face au Legia de Varsovie. Les Polonais plantent deux tirs de loin mais, alors que les commentateurs télévisuels dénoncent notre méforme, nous retournons la situation grâce à deux buts plantés en trois minutes : un tir de Gilles Rampillon détourné par Lesław Ćmikiewicz contre son camp à la 66ème, suivi peu après d'un penalty transformé par Henri Michel, en haut à droite de la lucarne, après que Bernard Vendrely a été fauché dans la surface.

Le 2 octobre 1974, le match retour a lieu à Varsovie, devant dix mille *supporters*. Même s'il s'agit d'un premier tour, la pression est maximale car nos adversaires sont favoris. À la télévision française, le journaliste Michel Drey, aussi peu optimiste que prompt à dégainer un subjonctif imparfait, l'a annoncé sans fard : « La tâche sera tout de même délicate… »

C'est rien de le dire ! Les Polonais jouent chez eux, et ce sont à peu près les mêmes gars qui viennent de finir troisièmes à la

Coupe du monde en Allemagne. Les conditions sont difficiles. Il pleut, le brouillard nimbe le terrain et la pelouse est aussi lisse qu'un champ de patate après la collecte des tubercules. Une demi-heure après le début du match, tous les maillots se ressemblent tant la boue les macule.

Sans surprise, les prédictions télévisuelles se vérifient : nous sommes archidominés pendant la première heure MAIS, à la soixante-cinquième minute, nous franchissons enfin le milieu du terrain. Hugo Alberto Curioni réceptionne un long ballon à l'entrée de la surface, côté droit, et passe aussitôt à Gilles Rampillon, qui laisse rebondir le cuir avant de battre le gardien en poussant le ballon dans le filet avec sa patte gauche. Après cette éclaircie, l'orage polonais s'abat de nouveau sur nous. Je n'arrête pas de plonger, de me relever, de replonger.

Quoique je sois dans le dur, je ne laisse rien passer quand, soudain, je sens une horrible douleur au poignet. Réception maladroite ? Coup volontaire d'un adversaire ? Je l'ignore et, au fond, peu importe puisque les conséquences sont les mêmes. Ma main gauche a triplé de volume. Auguste Bretaudeau, le kiné du club, entre sur le terrain. Comme José Arribas n'a pas prévu de gardien remplaçant, son diagnostic est formel : ce n'est pas grand-chose. Il me strappe le poignet et me promet que ça va aller.

Il me suffit d'un arrêt pour saisir toute l'étendue de son mensonge. À chaque contact, à chaque mouvement, même à chaque instant d'immobilité, la douleur est d'une violence à tourner de l'œil ; et pourtant, il faut continuer à s'interposer. Les tirs adverses n'arrêtent pas. J'ai l'impression d'être bombardé encore plus que je peux l'être dans les entraînements les plus ardus. J'ai beau avoir mal d'une force folle, je parviens à tenir, et je bloque les tentatives adverses. Ce soir-là, je suis infranchissable.

Nous gagnons 1-0. À peine le coup de sifflet de final a-t-il retenti, Henri Michel, le taulier absolu du FC Nantes, se jette dans mes bras en s'écriant :

– Putain, t'es un héros, Jean-Paul !

Nous roulons au sol et nous nous mettons à brouter le peu de pelouse qui reste. Non, n'insistez pas ! Vous me demanderiez en vain d'expliquer cette goinfrerie absurde. Je suppose que nous étions juste fous d'avoir gagné contre les pronostics et malgré ma blessure plus que handicapante.

De cet épisode, je garde le souvenir contrasté d'une fin de match intenable, d'une joie ineffable et des douleurs qui accompagnent la fracture du quatrième métacarpien. J'en garde aussi une conviction. Même si elle ne peut pas renverser toutes les montagnes, la volonté est un muscle invisible, un muscle qui s'entretient, un muscle d'une force potentiellement incroyable.

Avoir connu une situation semblable à ma blessure polonaise quand j'étais cadet m'a aidé en senior parce que je savais que j'étais capable de tenir malgré l'intensité de la douleur. Bien que je n'y aie pas pensé sur le moment, je suis sûr que, dans mon mental, j'avais gravé l'anecdote. Ayant tenu une fois, je n'ai pas eu besoin de me plonger explicitement dans mes souvenirs. L'intuition a suffi. Aiguillonné par cette expérience, mon esprit était assez *boosté* pour que mon corps suive.

Je ne crois pas que ce qui ne nous tue pas nous rende plus fort, loin de là, mais je suis habité par l'idée que nos victoires sur nous-mêmes nous grandissent et nous aident, parfois, au moment où nous en avons le plus besoin. Sans sombrer dans un mysticisme grotesque ou un systématisme malsain, ces deux exemples de blessures transformées en joie extrême participent, à mes yeux, de l'éloge de la volonté que j'espère esquisser dans ce livre.

14.
Les leçons du pré

Blessures et retournements de situation obligent, une carrière ne se joue pas en un tournemain. Elle est le fruit d'efforts quotidiens poursuivis sur le long terme. La lutte de chaque instant qu'elle implique ne m'effraye pas, au contraire. Je suis préparé à la mise en concurrence. J'ai envie de dépasser les autres et de me dépasser. Je veux « y arriver ». Progressivement mais sûrement. Ma stratégie du « pas à pas » continue.

Quand je deviens stagiaire au FCN, je veux entrer définitivement dans le groupe professionnel.

Quand je suis installé chez les pros, mon ambition est d'être le gardien titulaire.

Quand je deviens le gardien titulaire, je commence à penser à l'équipe de France Espoirs. J'y parviens et je me retrouve en concurrence avec Christian Perron. Je n'ai plus qu'un but : devenir le titulaire incontesté puis intégrer l'équipe de France A.

Ștefan Kovács exauce mon rêve à sa façon. Lui qui n'a gagné aucun titre en tant que joueur est une légende depuis qu'il est devenu entraîneur. Avec l'Ajax, notamment, il a tout raflé en 1972 (le championnat des Pays-Bas, la coupe des Pays-Bas, la Ligue des champions, la Supercoupe d'Europe et la Coupe intercontinentale) et a doublé la mise pour partie l'année suivante. Devenu sélectionneur de l'équipe de France, il me téléphone un jour pour me convoquer à Saint-Malo. C'est le lieu de stage des équipes de France Espoirs et A. Le centre d'entraînement de Clairefontaine ne sera bâti que quinze ans plus tard. Surtout, avec son accent roumain que je n'ai jamais su ou osé imiter, il m'annonce la nouvelle que j'attendais sans l'attendre :

– Fais-toi beau, Jean-Paul ! Pour une fois, tu vas dormir dans un vrai hôtel.

Je comprends le message. En tant que membre de l'équipe de France Espoirs, j'avais l'honneur de dormir... à l'auberge de jeunesse locale, un établissement résolument zéro étoile – et encore, c'est cher payé. Être invité « dans un vrai hôtel », en l'espèce aux Thermes de Saint-Malo, c'est poser ses affaires dans un cinq-étoiles parce que l'on intègre l'équipe de France A. Une belle page s'ouvre devant moi. À vingt et un ans, je deviens le plus jeune gardien jamais sélectionné.

Franchir cette étape me bouleverse. J'ai l'impression que je viens d'apprendre à la télé que j'ai gagné au Loto. J'appelle mes parents. La concrétisation de ma progression les émeut peut-être encore plus que moi. Quand je raccroche, je sais qu'il ne faudra pas trente minutes à mon père pour informer l'ensemble du village que je vais bientôt passer dans le poste !

Malgré ma joie et ma fierté, ma première sélection n'étanche pas ma soif de progrès. En effet, quand je débarque dans l'équipe de France A, je me retrouve face à Georges Carnus et Dominique Baratelli, donc je veux m'imposer. J'y parviens jusqu'à une bête blessure et un incident dont il faudra bien que je parle... mais gardons l'historiette pour plus tard, et restons concentrés sur l'éloge de la progression en souplesse, complémentaire de l'éloge de la volonté !

Cette partie de ma vie professionnelle est construite avec des paliers, des objectifs, des progressions constantes. D'où l'importance de l'entraînement, de la volonté – farouche, la volonté ! – et de la constance. Peu importe que le club croie en toi voire t'aime bien, tant que tu es footballeur professionnel, ta vie devient une compétition permanente. Les sentiments sont une douce illusion, à peine du sucre glace sur un gâteau amer. La camaraderie, réelle et consubstantielle à tout sport collectif, ne saurait masquer l'évidence : dans le milieu pro, chaque jour, tu dois prouver que tu es meilleur que ton collègue à l'entraînement, que tu es meilleur que lui quand on te donne ta chance en match, et que tu es assez volontaire au travail pour repousser les velléités des petits jeunes ou des vieux briscards qui n'aspirent qu'à une chose – et je les comprends, je suis comme eux : te piquer ta place.

Pour t'imposer et garder ton maillot, ton rang et ton casse-croûte, tu dois mettre en place les moyens. Parmi ceux-ci, le premier consiste à ne pas sortir tous les soirs en picolant une demi-bouteille de whisky parce que tu te prends pour un nabab arrivé. Tu n'es pas vraiment un nabab et, surtout, tu n'es jamais arrivé. Si tu te considères comme arrivé, tu ne bouges plus, les autres te dépassent et tu ne tardes pas à passer du rayon « vedette » au rayon « *vintage* ». Jean-Claude Suaudeau n'avait pas placardé pour rien cette phrase dans le vestiaire du centre d'entraînement nantais : « Celui qui renonce à être meilleur cesse déjà d'être bon. »

15. Le banc décisif

A posteriori, le plus étonnant est de constater combien ces leçons apprises à la dure sur le pré vont m'aider à affronter le combat qui a benoîtement débuté dans le cabinet de mon médecin généraliste.

Dès que ma maladie est confirmée, je veux mettre toutes les chances de mon côté. J'appelle donc mon ami Franck Duteille, professeur au CHU de Nantes où il s'occupe de chirurgie plastique et reconstructrice. En gros, il répare, entre autres, les grands brûlés ; et il m'a soigné quand ma cicatrice du tendon d'Achille s'est réouverte. Le cancer n'est pas sa spécialité, mais c'est un grand médecin, et je veux entendre ce qu'il a à me dire. Son verdict ?

– C'est simple, Jean-Paul, tu n'as qu'une alternative : tu te soignes, tu as des chances de guérir ; tu ne te soignes pas, tu n'as aucune chance. Alors, tu choisis quoi ?

J'encaisse. Franck poursuit en me décryptant le diagnostic. Au stade 4, le cancer est considéré comme très développé. Plus important encore, il n'y a pas de stade 5. Ça fait réfléchir.

Je m'en tiens à sa première suggestion, en oubliant la menace sourde qu'elle cèle : je *peux* guérir, donc je peux aussi *ne pas* guérir. Le sous-entendu est très clair. Franck ne me dit pas directement que, même si je me soigne, il est très envisageable que la mort soit au rendez-vous. Il a raison : cette éventualité ne m'intéresse pas. En un instant, j'ai expulsé le doute. Je vais me soigner *et* je vais guérir.

Prudent, toutefois, je ne plonge pas dans les méandres d'Internet pour évaluer mes chances de survie ou découvrir les délices médicales qui m'attendent. J'adopte la politique de l'autruche. Je suis convaincu que, parfois, cette stratégie est le contraire de la pleutrerie. Il arrive qu'elle permette d'aller au charbon en comptant sur ses forces plutôt qu'en se remettant aux oiseaux de mauvais augure. S'il doit m'arriver malheur, inutile de me le prédire, je m'en rendrai compte en temps et en heure. Mimi se charge de filtrer les informations pour moi, cela me suffit amplement. Sa sérénité conforte la mienne. *A priori*, selon ce qu'elle a glané sur la Toile, entre le cancer et moi, y aura match mais c'est jouable.

Sauf que, malgré mon volontarisme, le costume de superhéros supersûr de lui que je me suis taillé est encore un peu grand pour moi.

Je m'en aperçois le *week-end* suivant. Avec Mimi, nous allons le passer à La Baule. Le samedi après-midi, le temps est grisonnant. Je prends mon vélo et file sur la côte sauvage. Au guidon de ma machine, entre La Baule-Escoublac et Piriac-sur-Mer, je ressasse. Je connais le circuit par cœur. Je prends le bord de mer. J'attaque la côte sauvage par Le Croisic. J'arrive au cœur des marais salants de Guérande. Le paysage est étale. Dans cette morne plaine se succèdent salines et œillets – ces bassins où les paludiers récoltent le sel, et qui forment comme des yeux au milieu des salines. Au-dessus de moi, le couvercle sombre et bas du ciel s'étend à perte de vue.

Les nuages lourds qui viennent d'être lâchés dans mon ciel intérieur se resserrent aussi autour de moi. Je sais que la découverte de mon cancer est, en quelque sorte, une chance puisqu'elle va me permettre de me soigner. Mieux vaut maintenant que plus tard. N'empêche, une lumière noire finit par s'immiscer dans mon cerveau, perçant le mur que la volonté et l'optimisme ont édifié à la hâte. Cette lumière noire est douée de parole. Elle répète en boucle :

– Ça va être compliqué. Très compliqué. Très, très compliqué. T'es sûr que ça vaut la peine ?

Petit à petit, le mur se fendille. Paraît transparent. Cède. La lumière noire m'envahit. Une certitude chasse l'autre. À chaque coup de pédale, il devient pour moi de plus en plus évident que je ne suis pas de taille. Survivre à un cancer de stade 4, pensez, c'est autre chose qu'arrêter un penalty, résister à un contrôle fiscal ou rééduquer une cheville. La route semble m'encourager à en finir une bonne fois pour toutes. Je longe la falaise. À ma droite, le vide. Vingt à vingt-cinq mètres de vide. Un coup de guidon, et basta.

C'est sans doute la solution la plus raisonnable. Je ne vais pas m'en sortir. Autrement dit, je vais mourir. Aurais-je pas intérêt de choisir où et quand, avant d'être une loque branchée à des machines sur un lit d'hôpital ?

Pendant une demi-heure, je suce et mâchonne l'os amer de la tentation du suicide. La bile de la peur pulse dans mes veines. Je peins en noir ma vie à venir. Pendant une demi-heure, le super-héros supersûr de lui se liquéfie puis s'évapore. La probabilité de la mort l'a dissout. Je pense aux conséquences de ma disparition pour ma femme et mes enfants. Le sort de ma petite personne ne me traverse pas l'esprit. Seule me préoccupe la manière dont mes proches vivront quand, moi, je ne serai plus là.

Sans plus de jus, je m'arrête sur le port de Piriac, après quelque cinquante bornes. Je me pose sur un banc, « mon » banc, celui où je me tanque quand je me balade en vélo, avant d'aborder les vingt-cinq ou trente derniers kilomètres. Là, je mange une barre de céréales, par habitude plus que par faim. Puis je dégaine ma gourde, m'hydrate et traînasse une vingtaine de minutes – le temps qu'il me faut pour prendre une décision… et éteindre la lumière noire.

Non, je ne vais pas me foutre en l'air.

Non, je ne vais pas mourir. J'ai encore envie de profiter de ma femme, de mon fils, de mes amis. Bref, j'ai encore envie de vivre, point barre.

Partant, je vais me battre comme je me suis battu pour être sélectionné et garder ma place de titulaire. Mes réflexes de sportif de haut niveau reprennent le dessus. On ne baisse pas les bras dans la difficulté. Au contraire. On y va, et on donne tout ce que l'on a, voire plus. On rentre dedans, et on se convainc que l'on est le plus fort.

Subitement, j'ai la rage. Je me lance donc un premier défi : rentrer à La Baule en écrasant les pédales comme un malade. Si mon cœur pète, il pètera. Ce sera la fin du *suspense*. S'il ne pète pas, je ne lâcherai pas le morceau et me battrai autant que mes forces me le permettront. Or, ma qualité la plus forte, celle que mon passé de sportif m'a définitivement chevillée au corps, c'est d'être plus têtu qu'un bourriquet revêche et obstiné. Quand j'ai décidé quelque chose, je ne change pas d'avis.

Une grosse demi-heure plus tard, mon appartement de La Baule est en vue. Je n'ai jamais foncé aussi vite. J'ai doublé des voitures. Je n'étais plus sur un vélo : je pilotais un avion. Je suis hors d'haleine, lessivé mais vivant. Le palpitant n'a pas pété. J'appelle aussitôt Jean, mon ami ORL, et je lui annonce :

– Hé ! Tu as dû te tromper ! Je ne peux pas avoir le cancer, je viens de faire une sortie de folie en vélo. Si je n'avais pas freiné, c'est clair, je m'envolais !

Jean a un petit rire.

– Tu te souviens des cachets que je t'ai filés pour éviter momentanément que la boule ne continue de gonfler ? me demande-t-il.

– Bien sûr. J'en prends depuis trois-quatre jours, comme convenu…

– C'est de la cortisone à haute dose. Un conseil, Jean-Paul : esquive les inspecteurs et évite le contrôle antidopage !

Bon, un faux espoir dissipé. Tant pis, j'ai pris ma décision. Plus question de reculer. Y a plus qu'à. Maladie, à nous deux !

16.
La dédicace des cavaliers

Ce n'est pas la première fois que mon corps menace de mettre ma vie à – voire en – terre. Quand le cancer me tombe dessus, me revient une histoire arrivée près de quarante ans plus tôt.

En 1971, après deux ans en tant que stagiaire, je signe mon premier contrat professionnel au FC Nantes. En 1973, je remporte mon premier titre de champion de France avec le club... et, en 1975, je me romps les ligaments croisés. On m'envoie à la clinique des Maussins, porte des Lilas à Paris. C'est là que sévit le professeur Marcel Lemaire, ancien footballeur de Troisième division au Racing et pape de la chirurgie du genou. Je ne peux pas m'en remettre à de meilleures mains.

Pourtant, je me souviens que, en me réveillant après l'opération, je suis encore dans le coltard mais pas assez pour ne pas voir, au pied de mon lit, pleurer Christiane, mon épouse à l'époque. Une inquiétude confuse me prend, et je demande :

– Qu'est-ce qui s'passe ? Ils m'ont coupé la jambe ?

– Le professeur a dit que tu ne joueras plus jamais au football.

Les pensées se bousculent dans mon cerveau embrouillé. « Ha, non, boudu, pas ça » se cogne contre « tu as peut-être mal compris » ; « c'est pas possible » percute « qu'est-ce que je vais faire de ma vie, si j'ai plus ça ? » et, bientôt, c'est cette pensée qui domine. Je n'ai pas de diplôme ; je ne sais que jouer au foot ; si l'on me met au rencard à vingt-trois ans, je suis foutu !

Un espoir demeure : que Christiane ait un brin dramatisé. Peut-être le chirurgien lui a-t-il simplement parlé d'un *risque* – minime, forcément minime – d'inaptitude ? Tâchant de recouvrer mes esprits embrumés, je suis encore en train de négocier avec la menace quand, dix minutes après, la sommité entre dans ma chambre.

Il m'annonce que l'opération s'est bien passée. Les ligaments vont se réparer. En revanche, Christiane a raison, je ne jouerai plus jamais au football. En effet, entre la tête du péroné et la tête du fémur, je n'ai plus de cartilage. Concrètement, c'est une contre-indication irrémédiable au sport de haut niveau.

– Désormais, il vous sera impossible de vous entraîner tous les jours, explique-t-il avec un détachement très médical. Votre genou va gonfler à chaque fois que vous le solliciterez intensément – en courant, par exemple. Cette inflammation est incompatible avec votre activité professionnelle actuelle. Peut-être, je dis bien « peut-être » que, avec le temps, votre genou finira par s'habituer, mais je ne vous cache pas que ça risque d'être très long, très compliqué et – je me répète afin d'être clair – incompatible avec une pratique professionnelle.

Prétendre que le martèlement de ce discours ne m'a pas mis un bon coup de maillet sur le cigare serait mensonger. Cependant, quelque sonné que je suis, je décide d'emblée de ne pas lâcher. Mon caractère veut ça, bien sûr ; mais, plus encore, je n'ai pas d'autre choix. Dans ma vie professionnelle, je n'ai que le foot. Je ne peux pas abandonner comme ça, sans lutter, parce qu'un mec – si diplômé, si expérimenté et si compétent soit-il – a décidé que ma vie était finie.

Une visite renforce ma révolte. Un jour, alors que je m'ennuie mollement dans ma chambre, à la clinique, on toque à ma porte. C'est Louis Fonteneau, le président du FC Nantes en personne. Je suis ébaubi. Il aurait pu se contenter de m'envoyer un mot d'encouragement ou de me passer un coup de fil. Non, il a pris le train pour me rendre visite, m'offrir – et dédicacer ! – l'épopée afghane de Joseph Kessel, *Les Cavaliers*, et m'asséner un discours sans ambiguïté :

– Faites le maximum pour revenir le plus vite possible, Jean-Paul. On a besoin de vous ! En plus, on ne vous lâchera pas comme ça : pour le moment, vos primes de match sont suspendues, mais on s'arrangera pour vous les verser quand vous reprendrez votre place.

Voir le président se déplacer, entendre ses encouragements et apprendre que l'on croit assez à mon retour pour l'assortir d'une promesse de prime, voilà qui me réchauffe le cœur ! À mon retour sur Nantes, le staff médical du club, bien qu'il ait été dûment briefé par le professeur Lemaire, m'épaule lui aussi et me soutient comme si mon destin n'était pas scellé. Quand je sens que la direction et le staff ont confiance dans ma résilience, quand je constate que personne n'envisage de m'abandonner à la première blessure grave qui me frappe, ma détermination, déjà solide, devient féroce !

Néanmoins, je dois être réaliste et y aller *piano*. Je commence donc très doucement avec Auguste, le kiné de l'équipe, afin de retrouver de la masse musculaire. Ensuite, je pars au centre de rééducation fonctionnelle de Tréboul. Quoique mon genou tende à gonfler un chouïa, je m'échine sur les appareils de musculation. On m'a expliqué que cela permettrait de compenser pour partie la faiblesse du genou, l'articulation étant tenue par le muscle.

Très vite, le travail proprioceptif n'a plus de secret pour moi ; et je peux mettre mon obstination à l'épreuve de la répétition des mêmes exercices, encore et encore, sans relâche ou presque ! Ainsi, le 24 décembre, j'avale les deux cent cinquante kilomètres qui séparent le centre de Tréboul et Nantes pour réveillonner avec Reynald et Christiane. Le lendemain matin, je reprends la voiture. Trois heures plus tard, me voici de retour au nord de la Bretagne afin de ne pas rater ma séance de rééducation sous prétexte que, près de deux millénaires plus tôt, le petit Jésus est né… Noël ou pas, hors de question de rien lâcher ou de me relâcher.

Petit à petit, je peux reprendre le chemin de l'entraînement. Moi qui aime mettre les bouchées doubles et n'hésite jamais à en faire un peu plus que nécessaire, je m'astreins à me reconstruire avec une modération qui ne me ressemble pas. La blessure est trop récente, forcer pourrait ruiner les efforts consentis jusque-là. Certes, mon genou a tendance à gonfler après chaque séance ; néanmoins, je réussis à passer outre et, à mon rythme, à retrouver des sensations, un physique et un niveau, jusqu'à regagner ma place dans l'équipe.

Hélas, le corps des sportifs de haut niveau est un concentré de fragilités…

17.
Le coup de la feuille de chou

En juillet 1976, je suis de nouveau titulaire pour les matchs amicaux d'avant-saison. Je me souviens d'un match à La Baule contre Aston Villa. Arrive une balle aérienne. Je bondis. Un adversaire me bouscule. Je tombe sur le genou. En dépit du choc, je finis le match. Pendant le dîner d'après-match, au restaurant, j'éprouve une petite douleur au genou. Rien de méchant. Je rentre chez moi, et je me couche après cette bonne journée. Au milieu de la nuit, une gêne me réveille. J'allume. Mon genou a gonflé. C'est devenu quelque chose entre une patate monstrueuse et un compteur à gaz.

Le lendemain matin, je file voir Auguste, le kiné du club, en boitant. J'arrive à peine à plier la jambe. En voyant mon articulation, le soignant n'hésite pas longtemps dans son diagnostic. Bienvenue dans le monde merveilleux de la rupture de la poche synoviale. J'ai le droit à des médicaments et à des ponctions.

Des *ponctions*.

Oh, comme je lui trouvais l'air inoffensif, à ce mot de « ponction » ! Mais ça, c'était avant de voir l'aiguille qui va avec, une espèce de pic infini que l'on te plante dans le genou en t'expliquant :

– Décontractez-vous, monsieur, car l'aiguille doit passer sous la rotule afin d'aspirer la synovie…

Je l'avoue : les matins où je dois passer à la torture, avant de franchir la porte du cabinet, je balise. Pendant la manipulation, je déguste. Certes, ce n'est peut-être pas aussi douloureux qu'impressionnant. Toutefois, que mes amis soignants me pardonnent, si le choix m'est donné entre une ponction gratuite et une invitation à siroter un cocktail sur la terrasse de La Petite Plage, à Saint-Barthélémy, même payant, pas sûr que je choisisse la matinée blouse blanche…

En prime, pour une vingtaine de jours, je suis condamné à une sentence pire que le repos : l'immobilité. Interdiction de marcher ! Pour quelqu'un comme moi qui ne tient pas en place, la potion est amère. Tant pis, j'ai confiance dans le staff, et j'ai raison. Trois semaines plus tard, mon maudit genou a dégonflé. Je recommence à esquisser quelques pas chez moi, dans le jardin, avec mon fils Reynald, qui a quatre ans à l'époque. Mauvaise idée car, aussitôt, mon genou redevient énorme.

J'ignore que ce n'est que le début de la suite des ennuis. Dans les huit mois qui suivent, j'ai droit à neuf épanchements successifs de synovie. Dès que je fais quelques pas, je retourne m'installer dans mon fauteuil, une poche de glace sur l'articulation… et je vois mon genou gonfler. J'ai beau enrager de ne pas m'en sortir, je ne suis pas abandonné à moi-même. J'ai droit à des soins spécifiques, ainsi qu'aux remèdes de grands-mères que m'envoient gentiment de nombreux *supporters* des Canaris. Mes débuts professionnels ont assez marqué les esprits pour que les journalistes appellent presque régulièrement afin de prendre de mes nouvelles, déclenchant chez les *fans* l'envie de me proposer de nouvelles solutions paramédicales, parfois pas piquées des hannetons.

Ces suggestions de soin, envoyées avec bienveillance par des gens qui ont hâte de me revoir au stade, elles ne me choquent pas. Elles ne provoquent pas non plus la moindre moquerie. Au contraire, j'ai toujours pensé que la science médicale pouvait être complétée par la tradition des guérisseurs, dans la mesure où la seconde n'empiète pas sur la première ou ne cherche pas à éliminer celle-ci. Surtout, je suis prêt à mettre à l'épreuve la moindre astuce susceptible de m'aider à retrouver les terrains.

Pour autant, je n'essaye pas l'ensemble des propositions plus ou moins farfelues qui me parviennent, mais pas loin. Parmi les prescriptions dont je teste l'efficacité, j'adopte par exemple les compresses d'alcool à 90° (« mon grand-père utilisait cette technique, ça lui a toujours réussi ! » m'écrit un *supporter*). Je vais même – accrochez-vous ! – jusqu'à m'appliquer des cataplasmes fabriqués avec des feuilles de chou imbibées de blanc d'Espagne. Hélas, chaque méthode se solde par un échec. Mon genou continue de gonfler, dégonfler, gonfler, dégonfler, etc. À force, ça me gonfle et ça dégonfle mon moral.

Certes, j'ai un contrat. Donc, *a priori*, il me reste un an de salaire garanti ; mais que deviendrai-je après ? De plus, je ne joue pas au foot que pour l'argent. Je joue pour le défi, la concurrence, la progression, la victoire, le partage avec le public. Rester scotché chez moi sans pouvoir m'entraîner, cela m'est insupportable. Jusqu'au jour de mai 1977 où un nouvel espoir frappe à ma porte…

18.
Le retour impossible

L'espoir a un visage, un corps et un nom. Il s'appelle Claude Simonet, la femme de… Claude Simonet – ancien gardien de but, vice-président délégué aux finances du FC Nantes à l'époque, et pas encore président de la Fédération Française de Football.

– Jean-Paul, vous ne pouvez pas rester comme ça ! tonne l'épouse du grand timonier des finances. Claude croit en vous, il faut que vous reveniez sur le terrain !

– Je suis d'accord, mais…

– Assez tergiversé. Je sais que vous avez fait beaucoup. Il est donc grand temps que vous consultiez quelqu'un d'efficace.

Intérieurement, je soupire. Les médecins spécialistes, les experts en blouse blanche, la crème de la crème de la Faculté, j'en ai un p'tit peu soupé.

– Je connais un rebouteux à Mamers, enchaîne ma visiteuse. Voici son numéro. Appelez-le illico et allez le voir.

Elle n'ajoute pas : « C'est un ordre ». La précision serait inutile !

Je la remercie et pense juste : « Pourquoi pas ? » Après tout, le rebouteux, je n'ai pas encore testé. Au pire, ça ne m'abîmera pas davantage. Au mieux… on verra ! Je veux m'en sortir coûte que coûte. Une nouvelle piste, ça me va.

Je prends donc rendez-vous avec le rebouteux. Le jour convenu, je gagne la sous-préfecture de la Sarthe avec une photo – il fallait lui apporter une photo. Il observe mon genou, il fait ses trucs de rebouteux, puis il lâche :

– Bon, quand votre genou sera dégonflé, dans une huitaine, allez à l'entraînement et faites un tour de terrain.

– Attendez, monsieur ! Dès que je marche deux mètres, j'ai le genou qui gonfle, je vais pas faire un tour de...

– Quand votre genou sera dégonflé, répète-t-il, allez à l'entraînement, faites un tour de terrain, rentrez et mettez de la glace sur votre genou.

Je paye, je pars, j'attends que mon genou dégonfle et, le jour où je suis prêt, je file à dix minutes de chez moi, aux Basses-Landes, au nord de Nantes, où nous nous entraînions à l'époque. J'ai passé le short et le maillot pour pouvoir rentrer au plus vite mettre de la glace, sans avoir à filer à la douche. Je cours pieds nus pour éviter à mon genou le poids des chaussures.

De retour à la maison après mon mini *footing*, une poche sur l'articulation, je constate avec stupeur que mon genou ne gonfle presque pas. Ni une ni deux, j'appelle le gars et lui demande ce que je dois en penser.

– Demain, faites deux tours et rentrez mettre de la glace comme aujourd'hui, m'assène-t-il.

Même scénario le lendemain.

Ainsi, très progressivement, j'augmente les doses. Le genou tient.

Je repense au professeur Lemaire. En un sens, il n'avait pas tort : ma rééducation a été lente, pénible et compliquée. Et, en un autre sens, il n'avait pas raison quand il prédisait que, plus jamais, je ne serai footballeur professionnel. À l'époque, j'ai vingt-trois ans.

J'ai joué jusqu'à trente-cinq ans au plus haut niveau. J'ai disputé six cent cinquante matchs avec le FC Nantes et je suppute que, au train où va le foot, je détiendrai ce record pour toute l'éternité ! À soixante-deux ans, j'ai terminé un Ironman. Moralité : il faut croire en la médecine mais jamais cesser de croire en la vie et en la force qui nous anime.

L'anecdote aurait pu s'arrêter là si, en 2020, je n'avais pas accompagné Mimi au centre hospitalier universitaire de Nantes. Ma femme doit subir une intervention. Pendant que son médecin remplit des papiers, à la fin de la consultation préopératoire, un autre médecin entre dans le cabinet. Surpris, il me fixe et demande :

– Vous êtes M. Bertrand-Demanes ?

Je confirme.

– Vous ne vous souvenez pas de moi, me dit-il, et c'est normal. Je vous ai connu comme patient après votre opération du genou. Vous étiez suivi ici même pour le post-opératoire.

– Ça, je m'en souviens !

– À l'époque, j'étais un jeune interne, et tout le monde connaissait votre dossier. L'absence de cartilage, l'état de l'articulation… On savait que vous ne joueriez plus jamais au football.

– Oui, j'ai compris que c'était mal parti.

– La carrière que vous avez eue est une leçon pour nous tous. J'y repense très souvent. Dans la médecine, il y a des choses que l'on n'explique pas encore, que l'on n'expliquera sans doute jamais. Vous nous avez rappelé combien, en dépit de nos certitudes, il nous faut rester humble.

Cette rencontre m'a marqué. Pour autant, que l'on ne s'y trompe pas. Je dois beaucoup aux soins, aux conseils et au savoir non-scientifique du rebouteux qui m'a aidé ; mais je dois aussi infiniment au professeur qui a reconstruit mon genou, aux équipes qui ont guidé ma rééducation, ainsi qu'aux soignants qui m'ont suivi toute cette période compliquée. Cependant, ces deux aspects du soin, alternatif et scientifique, ne sont qu'une partie de ma réalité de sportif. J'ajouterais deux autres piliers sur lesquels j'ai appuyé mon retour impossible.

D'une part, et ce n'est pas de l'immodestie de le revendiquer, je dois beaucoup à ma propre volonté. Je me suis arc-bouté contre une fatalité qui me paraissait insupportable. Ne plus être footballeur pro ? Hors de question ! Aussi ai-je travaillé, chaque jour, pour me muscler les jambes afin de soulager le genou. C'est très concret, la volonté, parfois très fastidieux itou. Ça demande à être entretenu parce que le genre de combat que j'ai mené se joue à long terme. De cette expérience, je retire l'idée que, quand on est malade ou blessé, il faut prendre le meilleur de tous les soins sans jamais oublier de croire en soi. Jamais.

D'autre part, la volonté que j'ai déployée, mon acharnement, mon entêtement, peu importe comment on l'appelle, cela n'aurait pas été tenable sur la durée sans les encouragements de mon entourage, des dirigeants du club et des *supporters*. C'est une autre leçon que je tire de cette période : autant que j'en puisse juger, face à un accident de santé, un patient n'est pas un cycliste devant un col hors catégorie. Seul, il n'arrivera pas au sommet. Les soins, la force mentale et le soutien des proches forment un trinôme indispensable pour espérer s'en sortir.

En 2010, je suis pourtant loin d'avoir conscience que, peut-être, ma rupture des ligaments croisés m'a aidé à affronter ce qui m'attend. Aujourd'hui, je suis sûr que ce moment crucial de ma vie de sportif a contribué à me préparer à affronter cet autre moment crucial de ma vie…

II.
Pendant

19.
La dégustation

Mai 2010.

Désormais, le combat entre le cancer et moi est signé. Je vais monter sur le ring et régler son compte à mon adversaire.

Comme face à n'importe quelle échéance sportive de première importance, je commence par faire le vide dans ma tête. Je veux être concentré sur ce qui m'attend et uniquement sur ce qui m'attend. J'ai l'avantage de ne pas avoir de crainte quant à la perpétuation de mon entreprise. Mon fils Mathieu en reprendra les rênes le temps que durera mon traitement. Je suis heureux de le voir plus motivé que jamais. J'avais l'habitude de le houspiller parce qu'il n'était pas le premier au bureau. L'idée d'arriver sur les coups de dix heures et d'être accueilli par des secrétaires dont la présence ponctuelle à neuf heures était exigée m'était urticant. Dès l'annonce de ma maladie, Mathieu a pris conscience de ses responsabilités. J'ai vite compris qu'il serait à la hauteur du défi.

De son côté, Mimi m'aide à ne penser que cancer. Devant moi, elle est volontaire, encourageante, tonique. *A posteriori*, j'apprendrai que, en réalité, elle déguste. Elle pleure souvent, mais uniquement quand j'ai le dos tourné. Et elle me protège en ne me dévoilant pas le pessimisme qui m'entoure. Elle m'a raconté plus tard que, après une consultation où elle a eu l'impression que le médecin n'a pas été très franc du collier, elle est retournée le voir pour qu'il lui donne « le vrai pronostic ». Seul avec elle, le spécialiste l'a averti que j'ai quatre chances sur cinq d'y rester, selon la manière dont je réagirai au protocole de traitements qui me sera proposé. Cela, à l'époque, je l'ignore.

Pour ma part, je m'en tiens à ma décision de me battre. Donc je ne m'enquiers pas auprès des blouses blanches de mes chances de survie ou du temps qu'il me reste sur cette Terre. À mes yeux, ce type de question n'a aucun sens puisque j'ai décidé que je vais guérir. Je me fiche de jongler avec les pourcentages funèbres ou les prédictions mortuaires : je vais m'en sortir !

Afin d'atteindre ce but, j'ai la chance de connaître assez de médecins influents pour me lancer dans la bataille illico.

Le 10 mai 2010, j'ai rendez-vous avec l'ORL.

Le 17 mai, je passe un scanner.

Le 20 mai, on me fait une biopsie.

Le 25 mai, j'ai droit à une IRM au Centre Hospitalier Universitaire de Nantes. Il s'agit d'évaluer l'étendue de la tumeur. Ma femme m'accompagne. Franck aussi s'est déplacé. Je le remercie puis lui lance :

– Allez, file, tu dois avoir du pain sur la planche…

Le mec est un copain mais, chef de service, il dirige aussi plusieurs dizaines de personnes !

– Je reste, me dit-il simplement.

Après coup, je me rendrai compte combien, dans la lutte qui s'engage, ce genre de geste apparemment inutile est vital. Se sentir soutenu, compter sur la présence d'amis, voir des proches prendre du temps, cela réchauffe le cœur et renforce ma responsabilité : je dois guérir pour moi – ça compte – et pour ceux qui m'ont prouvé leur amitié au fil du combat.

Après l'IRM, la radiologue me promet de m'appeler le soir pour me donner les résultats. Franck intervient pour demander que les résultats lui soient envoyés.

– C'est moi qui t'appellerai, promet-il.

Le *suspense* dure jusqu'à neuf heures moins le quart. Inconscient de la chance que j'ai d'avoir obtenu un rendez-vous aussi vite, j'ai l'impression que l'attente a duré une éternité.

Quand le téléphone sonne enfin, Franck me dresse un bilan de la situation. Il a eu les résultats en fin d'après-midi et a pu réunir un staff pluridisciplinaire dans la foulée. Il s'est penché sur mon cas avec le professeur Olivier Malard, l'ORL du CHU, le docteur Frédéric Rolland, l'oncologue du centre Gauducheau, et le docteur Étienne Bardet, le radiothérapeute du centre. Résultat des courses : je ne subirai pas d'opération dans l'immédiat. La tumeur est trop grosse. En l'enlevant, ils risquent d'abîmer irrémédiablement mes cordes vocales.

Pour éviter de me rendre muet, les médecins vont privilégier la chimiothérapie. Dans un premier temps, l'objectif est de réduire la taille du nodule. Impatient, je demande :

– Et on commence quand ?

– Du calme, Jean-Paul, c'est un peu plus compliqué que ça… Avec la chimio, tu vas avoir du mal à manger.

– Pourquoi ?

– Ta gorge risque de gonfler, et tu n'auras plus faim. On va devoir te faire une trachéotomie et te poser une sonde gastrique.

Je grimace mais répète :

– Et on commence quand ?

On commence très vite.

Et, le moins que l'on puisse dire, c'est que, avant de pouvoir manger, je vais déguster.

20.
La délicatesse du déplaisir

Quand on sent passer le vent du boulet et se resserrer sur vous les mains noueuses de la maladie, j'imagine que l'on pourrait avoir tendance à se rassurer et à s'encourager en se retournant sur son passé et en se disant : « J'ai bien vécu, ce serait dommage que tout s'arrête maintenant ! » Quoique, aujourd'hui, je comprenne ce genre de réaction, une telle attitude ne m'effleure pas l'esprit lorsque commence le match de ma vie.

D'une part parce que j'ai décidé que je vais vivre. L'éventualité de la mort, je ne l'envisage pas un instant. Donc la nostalgie, les regrets, la préparation de mes funérailles, l'émotion nostalgique, cela relèverait à mes yeux d'une attitude défaitiste et imprudente. Hors de question.

D'autre part, parce que je n'ai jamais rien réalisé d'extraordinaire dans ma vie. J'ai été amoureux. J'ai fondé puis refondé une famille. J'ai gagné ma vie. Chouette, mais pas si exceptionnel que ça. Soit, j'ai aussi rencontré une certaine notoriété parce que j'ai tapé dans les ballons que j'arrêtais et parce que j'ai eu l'intelligence d'être fidèle à un club hors du commun. Quand on y réfléchit, c'est peu.

Ce nonobstant, je dois reconnaître que j'ai vécu de l'intérieur des moments très particuliers qui ont fait vibrer des millions de personnes. Prétendre que je n'en suis pas fier, feindre que je ne suis pas conscient de la chance exceptionnelle que j'ai eue (en partie grâce à ma ténacité et à ma pugnacité), jouer les modestes effarouchés, ce serait grotesque. Ainsi de la Coupe du monde de juin 1978, en Argentine. Parmi les moments que je suis fier et heureux d'avoir vécu, en voilà un de choix !

Comme tous les débuts, le début de celle-ci débute pour moi avant son début à elle. Au premier trimestre, je suis incertain car à peine remplaçant. Dans les cages tricolores, le titulaire est le Messin d'adoption André Rey. Le 1er avril, en match de préparation, la France affronte le Brésil au Parc des Princes. Manque de bol pour lui, une semaine avant, André se blesse au poignet. Michel Hidalgo me rappelle. Me voici titulaire et encadré par six collègues de Nantes : Maxime Bossis et Patrice Rio en défense, Henri Michel au milieu, Loïc Amisse et Bruno Baronchelli sur les ailes. C'est la chance de ma vie, une de plus, et je ne la loupe pas. Ce jour-là, je fais carnaval au Brésil.

Le Brésil nous domine. Dès la deuxième minute, je stoppe un coup franc vicieux de Zico. À la douzième, Christian Lopez sauve mon but, mais Zico est déchaîné. Nous faisons le dos rond. Les adversaires finissent par baisser le pied, sans pour autant m'épargner tirs surpuissants et autres projectiles démoniaques concluant combinaisons et dribbles spectaculaires. La seconde mi-temps repart sur les mêmes bases. Même quand les Brésiliens semblent fatigués, ils arrivent à nous placer des mines ultradangereuses. Heureusement, Michel Platini réussit à récupérer une mauvaise déviation adverse et conclut du pied gauche à cinq minutes de la fin.

La France l'emporte 1-0. C'est la première fois que les Bleus battent l'équipe auriverde. Je suis nommé homme du match. La presse salue mes sorties aériennes et mon sens du placement. J'ai validé mon billet pour l'Argentine.

Quelque temps plus tard, je rencontre Valéry Giscard d'Estaing à l'Élysée avec l'équipe mandatée pour défendre les couleurs du pays à l'autre bout du monde. Il me serre la main et me glisse une banalité encourageante que je me suis permis d'oublier depuis. Je le rencontrerai un an après lors de la finale de la Coupe de France, le protocole voulant que les protagonistes soient présentés au président. Je ne suis pas sûr que, en rentrant chez lui, il ait lancé à Anne-Aymone :

– Chérie, tu te rends compte, j'ai serré la pogne de Bertrand-Demanes !

Match nul : je n'en ai pas fait non plus des gorges chaudes de notre présentation à ma compagne de l'époque.

Le contexte de la Coupe du monde est pour le moins particulier. À la tête du pays hôte, depuis le coup d'État du 24 mars 1976, règne la junte militaire menée par le général Jorge Rafael Videla. Des voix s'élèvent pour nous empêcher d'aller y jouer au football ; d'autres clament que la politique doit rester à la porte de cet immense événement sportif. Pour nous, il n'y a aucun doute : la France ne s'est pas qualifiée pour la Coupe du monde depuis 1966, on ne peut pas laisser passer l'occasion de laver l'affront maintenant que c'est fait !

Seul Dominique Rocheteau est prêt à rester à la maison sans sourciller si la France décide de ne pas participer. Deux jours avant notre match contre l'Argentine, il est même rejoint par Bernard-Henri Lévy lors d'une réunion où quelques-uns d'entre nous acceptent d'aller. En France, quelques vedettes de l'intelligentsia s'agitent autour de Marek Halter et entonnent leurs couplets anti-Coupe du monde. Par bonheur, la pression des sponsors, l'envie énorme de la plupart des joueurs et l'enthousiasme des *fans* ont raison de ces tentatives consistant à mélanger sport et politique que je dénonce publiquement. C'est heureux.

Foin d'hypocrisie ! À l'époque, que je sache, nous allons jouer dans les pays de l'Est et en Russie sans provoquer de bronca. Aujourd'hui, nul ou presque ne sourcille plus de voir des Jeux olympiques organisés en Chine ou en Russie ; et peu protestent contre la tenue de la Coupe du monde au Qatar, où la démocratie, les droits de l'Homme et le sort des femmes ne respectent pas point par point les standards revendiqués par la France et ses principaux alliés. Pour hier comme pour demain, ma conviction reste inchangée : bien que son importance puisse avoir des conséquences politiques, le sport doit rester le sport. En tant que sportif, je n'ai jamais fait de politique. Que les artistes subventionnés, les philosophes d'État et les écrivains bardés d'honneurs s'occupent d'art, et qu'ils nous laissent nous occuper de ballon rond si notre désir d'en découdre sur le pré déplaît à leurs suprêmes délicatesses !

En attendant, avant de partir, les menaces proférées par les élites et les zélotes antifoot obligent les gendarmes à se poster devant les domiciles des internationaux 7/24. Michel Hidalgo subit même une tentative d'enlèvement ! Par chance, on finit par décoller, direction le « groupe de la mort », avec l'Italie (sans doute la meilleure équipe du monde en 1978), l'Argentine qui joue donc à domicile et la Hongrie, une équipe solide. Au premier match contre l'Italie, à Mar del Plata, on perd 2-1, malgré le but marqué d'entrée de jeu par Bernard Lacombe après une passe de Didier Six.

Je profite de cette anecdote pour régler un vieux compte que les collègues de l'équipe et moi avons avec la presse en général et avec la manière dont elle s'est emparée des « révélations du médecin-chef » de l'équipe de France en particulier. Encore en octobre 2021, le plumitif Jean-Marc Azzola a cru bon d'affirmer que nous avions volontairement perdu ce match parce qu'Adidas ne nous avait pas versé de prime. M. Azzola, je vous l'écris tout net : cette accusation est aussi stupide que dégueulasse. Comme nombre de mes collègues débarqués en Argentine pour défendre le football français, je n'ai pas fait une carrière à la Kylian Mbappé mais j'ai eu une belle vie professionnelle dans le sport, une vie digne, laborieuse, exigeante, semée de quelques échecs et ponctuée de jolis succès – une vie qui, à l'arrivée, me permet de me regarder dans la glace sans rougir ; et je n'accepte pas que des rapporteurs de ragots s'amusent, par ignorance ou malveillance, peu me chaut, à ranimer le *buzz* en médisant de notre groupe et de notre rectitude morale.

Donc, non, nous n'avons pas été « été davantage concernés à résoudre un problème avec [notre] équipementier, Adidas, qu'à [nous] focaliser sur le match »[1]. Il suffit de regarder l'affrontement, disponible sur YouTube, pour constater que nous n'avons pas bazardé la partie, levé le pied ou ouvert la cage aux Italiens. Voilà la réalité : au départ, Adidas nous promet une prime spécifique – le chiffre précis m'échappe, mais on parle d'une fourchette entre 500 et 1500 francs, pas plus. François Remetter, le représentant de la marque, envoie bouler Henri Michel et Marius Trésor venus négocier. Mal lui en prend, car nous avons un moyen de rétorsion que les joueurs d'aujourd'hui n'ont plus. À l'époque, personne ne nous cire les pompes. C'est nous qui

1. https://www.lequotidiendusport.fr/retro-en-1978-quand-adidas-versait-500-francs-154-euros-par-mois-aux-internationaux/

faisons briller nos chaussures avant chaque match. Pour que les bandes blanches soient bien visibles à la télévision, Adidas nous fournit de petits tubes de peinture à utiliser une fois le cirage noir étalé. Inutile de dire que, face à la Squadra azzura, on a mis un maximum de cirage sur les bandes blanches !

Sans doute *boostés* par l'équipementier, quelques journalistes ont fomenté un scandale boiteux sur l'air populiste du : « Quel scandale ! Avec le pognon qu'ils gagnent ! » Dans notre bulle, nous ne nous en rendons pas compte et ne découvrirons l'ampleur de la polémique la plus stupide du Mondial qu'en regagnant nos pénates. Cela me coûte à écrire, mais nous avons perdu contre l'Italie parce que nos adversaires étaient meilleurs que nous, point barre.

Pour le reste, premièrement, cette négociation n'impactait en rien notre désir de ratatiner l'adversaire – hé, Jean-Marc, si tu connais un international qui, à la Coupe du monde, veut passer pour un branquignole devant des millions de téléspectateurs, faut vite me le montrer, ça m'intéresse. Et puis, réfléchis une seconde, si ce n'est pas trop long pour toi : si nous avions vraiment voulu perdre volontairement, nous aurions au contraire mis en avant les bandes blanches de l'équipementier, histoire de salir son image !

Deuxièmement, notre demande, légitime, s'adressait non pas à la fédération mais à une entreprise qui

• brassait des palanquées de millions,

• allait doper ses ventes grâce à la visibilité obtenue par notre travail, et

• tentait de nous prendre pour des billes.

Personne n'éprouve de plaisir à être trahi et à devenir le dindon de la farce.

Enfin, troisièmement, notre sollicitation, pour le moins raisonnable, montrait que, contrairement à ces nababs que nous étions censés être, à l'époque, mille francs (150 € actuels), ça pouvait mettre en émoi des sportifs professionnels. Preuve que nous n'étions peut-être pas ces profiteurs gavés de fric que certains jaloux fantasmaient et fantasment encore…

21.
Le ballon entre les jambes

Le 6 juin 1978, arrive le Grand Moment, celui que nous attendons tous : le match contre l'Argentine à Buenos Aires. Nous allons vivre un moment mythique, et nous avons tous la conviction d'avoir en nous le feu sacré qui doit nous transformer, devant l'adversité maximale, afin que nous soyons à la hauteur de la légende que nous allons écrire.

Comme beaucoup de pays organisateurs, notre hôte fait le maximum pour gagner la Coupe du monde. On peut à la fois le comprendre sur le principe et le regretter pour l'équité du jeu et l'esprit sportif. Ainsi, il nous est interdit de reconnaître le cœur du chaudron avant le match. Seul Michel Hidalgo est autorisé à se faufiler sur le terrain pour nous permettre de choisir les bons crampons en fonction de l'humidité et de la souplesse du terrain. Utile, mais pas de nature à nous préparer à ce que nous allons vivre : l'entrée la plus phénoménale, la plus apocalyptique, la plus géniale qu'il m'ait été donné de vivre.

Le stade Monumental (c'est son nom) de Buenos Aires, où se produisent les joueurs de River Plate, accueille ce jour-là plus de 77 000 spectateurs. Pour les rejoindre, nous devons quitter les vestiaires, en souterrain, après nous être échauffés dans des salles prévues à cet effet. Je suis derrière Marius Trésor, le capitaine, quand il monte les marches qui doivent nous conduire dans l'antre. Devant nous, une énorme porte métallique posée sur des rails. Soudain, elle s'ouvre. Tout devient impressionnant. La clameur nous assourdit. Situés en contrebas, nous ne voyons pas le ciel. Juste une tribune archicomble d'où s'échappent des montagnes de rouleaux de PQ et des tombereaux de morceaux de papier blanc, tandis que quatre-vingt mille fous furieux hurlent :

– ¡AR-GEN-TI-NA! ¡AR-GEN-TI-NA!

Marius me regarde, et nous prenons la seule décision qui s'impose. Nous décidons de ne pas y aller. Si nous y allons, nous sommes sûrs de nous faire déchiqueter. Pas de chance : nos collègues nous bloquant la sortie, il nous faut entrer sur le terrain dans une ambiance incroyable. Le délire sud-américain surchauffé par l'enjeu d'un match de Coupe du monde, quelle émotion formidable !

La suite est moins belle, hélas. À la quarante-cinquième, Marius tacle dans la surface. Il a les mains derrière le dos. La balle le touche et file en *corner*. Penalty.

Il est incontestable qu'il y a main. Il est aussi peu contestable que la main est involontaire. Or, à l'époque, le règlement est formel : une main involontaire ne peut pas être sanctionnée par un penalty.

Jean Dubach, l'arbitre, qui n'a rien vu puisque, en bon Suisse, il était loin de l'action et regardait sa montre, offre un penalty à Daniel Passarella – une décision stupéfiante dans une ambiance chargée. L'Argentin me prend à contre-pied et marque.

Deuxième mauvais souvenir : en claquant une cloche de Leopoldo Jacinto Luque au-dessus de la transversale, je mange mon poteau en m'enroulant sur un tir. Je m'étire les muscles du dos. Je me déforme la colonne. Apparemment, je n'ai pas de fracture mais je suis incapable de me relever. Je sors sur une civière. Dominique Baratelli prend ma suite. Michel Platini égalise. Luque fracasse nos filets à la 73ème minute. Troisième mauvais souvenir : nous perdons le match et sommes d'ores et déjà éliminés de la Coupe du monde. Notre victoire ultérieure face à la Hongrie n'y changera rien.

Après ce match légendaire, je suis évacué à l'hôpital avec le docteur Maurice Vrillac. Après les radios, j'attends, couché sur le côté. Depuis mon chariot, je vois défiler le sol sous mes yeux. C'est de la terre battue. Alors, je supplie :

– Ne m'laissez pas là, docteur, quoi qu'il se passe ! Je paierai l'avion s'il le faut, mais vous m'laissez pas là !

Ma Coupe du monde s'arrête ici. Ma carrière en équipe de France aussi. Parce que Baratelli était bon. Parce que le sélectionneur n'était sans doute pas mon plus grand admirateur. Et parce que… Ma foi, pour une autre raison aussi, mais gardons-la pour un prochain chapitre, voulez-vous ? Ici, je veux me souvenir de l'entrée surréaliste dans le Monumental ; et, pour ne pas finir sur le regret d'avoir loupé le célèbre match contre l'Allemagne, lors de la Coupe du monde 1982, où Harald Schumacher fracasse Patrick Battiston, alors que tout le monde me promettait d'en être au vu de ma saison exceptionnelle (Nantes avait remporté le titre national et j'avais signé le record du plus petit nombre de buts encaissés en une saison – seulement 26 !), je veux me réjouir des belles choses.

Certes, sur le moment, le compétiteur que je suis fulmine quand il n'a pas été aussi brillant qu'il l'espérait. Après le match, il m'arrivait de ne pas dormir de la nuit tant j'étais furieux contre moi ou contre l'arbitre… ou contre les deux. Quand la faute m'en incombait à moi seul, je n'osais même pas aller chercher mon pain tant j'avais honte. Il ne faut pas croire que, parce que le foot était mon métier, j'étais détaché du résultat de l'équipe ou de mes performances. Au contraire !

Néanmoins, avec le recul, je relativise. Parfois, je croise des amateurs de foot qui m'avouent avoir été tristes pour moi lors de tel ou tel épisode moins joyeux de ma carrière. Je les remercie toujours de leur sollicitude, mais je ne manque pas de les rassurer. Aujourd'hui, même quand je me suis pris le ballon entre les jambes, c'est devenu un bon souvenir. J'ai eu la chance d'exercer un métier qui m'a rempli de joies, d'aventures et de passions.

Grâce à lui pour une large part, toute ma vie est un bon souvenir ; et c'est assurément grâce à ces bonheurs accumulés, qu'ils soient immédiats ou ultérieurs, que je me suis senti la force d'affronter la maladie comme j'ai trouvé la force d'entrer dans des stades pleins, tout entier acquis à la cause de l'adversaire… à une différence près : ce coup-ci, face au cancer, j'ai décidé de l'emporter. Je n'accepterai pas la défaite. Je raye le mot. Adieu, ~~défaite~~ ! J'ai une revanche à prendre face à un adversaire digne de l'Argentine dans son Monumental.

22.
La grosse patate

Le 31 mai 2010, je subis une gastrostomie. En clair, une sonde est insérée au niveau de mon estomac. Quand je ne pourrai plus manger normalement, cela me permettra de me nourrir *via* des poches dédiées.

Le 1er juin, je me rends à l'hôpital pour une trachéotomie. J'y vais sans inquiétude particulière. La preuve : au moment où l'on vient me chercher dans ma chambre, j'ignore ce qu'il va se passer. Je crois à une intervention banale, comme j'en ai subi quelques-unes ces derniers temps.

J'arrive en salle d'opération dans le même état d'esprit que si l'on s'apprêtait à me plâtrer la jambe : pas vraiment l'intermède dont on rêve, mais pas de quoi non plus faire bravo des fesses. Ça s'annonce désagréable, mais, après tout, faut c'qu'il faut ! Aujourd'hui, je n'aurai pas le droit à une anesthésie générale. Le professeur Olivier Malard, patron du service ORL de l'hôpital, préfère ne pas m'intuber. C'est donc parti pour une anesthésie locale qui me préserve, en effet, de la douleur, sans m'épargner la bande-son du film qui se joue autour de moi.

Quand je suis positionné sur la table, pendant que l'on m'installe un champ opératoire et que l'on me dégage la gorge, le chirurgien me propose de mettre de la musique. Aujourd'hui, je ne me souviens plus si j'ai accepté ou refusé. Je crois que j'ai refusé, jugeant la proposition sympathique mais inutile. À l'aune de ce qui se prépare, que j'aie accepté ou refusé, cela n'a aucune importance.

Aucune.

En revanche, je n'oublierai jamais ce qui s'est passé juste après qu'a été tranchée cette question anodine. Les assistants du grand ponte ont entrepris de m'attacher sur la table.

Je répète : les assistants ont entrepris de m'attacher sur la table.

Les chevilles, d'abord ; puis les poignets, en m'écartant les bras pour que les perfusions ne gênent pas le chirurgien ; enfin, la tête.

La tête.

Bon, là, j'ai beau être Jean-Paul Bertrand-Demanes, un homme qui se croit fort et pas facilement impressionnable, je comprends que l'affaire ne va pas se passer avec la souplesse que j'imaginais. Jusque-là, j'ai toujours été accueilli à l'hôpital par une équipe admirable, attentive, compréhensive et dévouée. J'ai commencé de comprendre dans ma chair et dans mon cœur pourquoi il se dit que soignant est le plus noble métier du monde.

Cela se confirme dans les centres hospitaliers de Nantes où je vais ferrailler contre le cancer. Ceux que j'ai rencontrés – et que je rencontrerai par la suite –, qu'ils occupent des postes prestigieux comme médecin ou infirmier, qu'ils soient aides-soignants ou chargés du nettoyage, tous sont des gens exceptionnels qui s'acquittent de leur tâche avec abnégation malgré, parfois, des conditions ou des situations difficiles.

Donc respect et reconnaissance au personnel hospitalier.

Mais là, l'ambiance a changé. Je n'ai pas le moins du monde envie de faire risette aux soignants. Pis, ma confiance dans les blouses blanches est en train de se fracasser. Fixé sur la table, j'ai l'impression d'être, aux États-Unis, le condamné à mort qui attend son injection létale dans une salle sordide de sa prison de haute sécurité. Les bruits des instruments que l'on prépare se mettent à résonner plus fort dans mes oreilles. La peur me glace. Elle laisse peu à peu place à l'épouvante. Les paroles du chirurgien claquent dans mon cerveau. J'entends « scalpel », « pince », et les mots prennent une forte teneur horrifique. Pourquoi suis-je venu me fourrer dans la gueule du loup ?

Pourtant, je ne souffre pas. C'est même le plus inquiétant. Ils m'ont attaché pour une raison, non ? J'essaye vaguement de me convaincre que, non, peut-être pas, simple précaution pour éviter les gestes brusques des patients sensibles (même si, pour calmer la crainte des craintifs, on a vu plus malin…) ou pour respecter la précision au micron près du travail chirurgical. Au moment où je m'apprête à souffler, j'entends :

– Je vais attaquer la trachée.

Dix ans plus tard, cette phrase claque encore en moi. Je ne peux ni l'écrire, ni la relire sans serrer les mâchoires comme si je m'apprêtais à revivre ce moment.

Ainsi qu'il l'a annoncé, le spécialiste attaque la trachée. Je n'ai pas mal. Je ne sens pas le bistouri. En revanche, j'entends un pneu qui se dégonfle après un coup de couteau, sauf que le pneu, c'est moi.

J'ai envie de parler. Au début de l'opération, le docteur et moi échangions quelques mots. Maintenant, un vague gargouillis sort de ma gorge. La trachée étant ouverte, impossible de m'exprimer, puisque l'air s'est enfui – or, le son est émis par la vibration de l'air contre les cordes vocales. Je découvre, paniqué, que je suis devenu muet. Pour m'exprimer, ne me restent plus que des gargouillis inintelligibles et grotesques. Je suis attaché fermement, incapable de crier et livré aux mains de psychopathes impitoyables qui ont décidé de me régler mon compte…

… et la torture n'est pas terminée. Il faut encore faire coulisser la canule qui justifie tout ce tralala. Or, pour réaliser ce geste, grosso modo, le chirurgien m'étrangle. Il doit introduire horizontalement un tube de plastique qui doit mesurer une dizaine de centimètres de long. Ensuite, il le bascule en position verticale, mais la trachée – un tuyau en L – n'est pas large. Donc le gars doit pousser comme un fou afin que le tube se courbe et prenne la bonne position. Oui, le mec m'étrangle vraiment. Il ne me fait pas mal, toujours pas, mais il m'étrangle.

D'après mes estimations les plus basses, il m'étrangle environ *plusieurs heures.*

Un nombre d'heures *infini.*

À ce moment, je n'ai plus de doute sur la raison d'être des attaches. Si je ne suis pas quasi soudé à la table, le respect de la blouse blanche et l'envie de guérir volent en éclats, et je lui décoche une de ces patates dans le nez dont le bougre ne se remettra jamais Ce ne sera qu'un apéritif. En plat, je compte lui arracher les bras afin que plus personne n'ait à subir les agissements de ce malade.

Le coup de poing et le démembrement ne sont pas des activités que j'ai coutume de pratiquer. Néanmoins, me friter ne m'effraye pas le moins du monde quand ça s'impose. Et là, ça s'impose.

Une autre fois, j'ai eu l'occasion de me battre contre des salopards.

Un soir de 2005, nous sommes tranquillement posés dans la grande demeure que nous habitions à l'époque quand des gars débarquent pour nous *homejacker,* comme on ne disait peut-être pas alors. Il est environ 22 h. Je regarde la télé dans le salon. Mimi est dans la cuisine, plus proche de la porte d'entrée. Trois mecs cagoulés pénètrent et se ruent sur ma femme en criant :

– Donne-nous la clef du coffre !

Je devine le fin mot de l'affaire. Peu avant, nous avons exécuté des travaux dans la maison. Dans notre chambre à coucher, il y a un coffre-fort installé par l'ancien propriétaire. Un ouvrier a dû baver. Renseignés, les types ont filé au coffre qu'ils n'ont pas réussi à ouvrir. Il ne leur restait qu'une solution : nous agresser directement.

Je m'extrais de mon fauteuil et je me souviens de mon premier réflexe, qui a consisté à ôter mes pantoufles. Se battre en pantoufles, c'est pas le pied… Je débaroule sur le lieu du crime en grognant à mon tour :

– Lâche-la. Et oublie tes rêves ! La clef, tu vas avoir du mal à la trouver, j'te l'dis !

Les mecs sursautent. Ils sont armés, qui d'une hache, qui d'un tournevis, qui d'un marteau – des outils qu'ils ont piqués dans la cabane du jardin. L'intrus à la hache me menace.

– Reste tranquille et ça s'passera bien ! crache-t-il.

– Ça va *pas* bien se passer : ce sera vous ou moi…

Je me rue sur eux. Je balance de bonnes mandales qui touchent leur but. J'en ramasse un paquet. Je m'en fous, je veux juste les détruire. Nos agresseurs comprennent qu'ils ne sont pas tombés sur le bon rupin, et que ça va mal se mettre. Ma furie doit les estomaquer car, objectivement, je n'ai aucune chance. Les pains tombent. Mon adversaire a une sacrée gauche, mais j'encaisse pas si mal que ça, et ma droite n'est pas ridicule.

Sentant que le plan tout cuit tourne vinaigre, ces pieds nickelés finissent par prendre la tangente. Encore dans le feu de l'action, je ne sens pas mon visage tuméfié. Je veux leur courir après. Mimi me retient. Quand j'arrive sur le pas de la porte, ils ont disparu. Il ne nous reste plus qu'à appeler la police, dont les efforts supposés pour retrouver les maladrins ne seront pas couronnés de succès.

Bref, je ne suis ni un héros, ni un dieu des rings, mais, croyez-moi, quand ça fracasse, je ne laisse pas ma part aux chiens. Hélas, rivé à la table d'opération, je ne peux rien faire. Je suis attaché plus que solidement. Le fou qui me surplombe est libre de m'étrangler en toute impunité.

Une fois le gros du travail achevé, je suffoque un chouïa moins. Mon tortionnaire me signale que, en effet, je vais pouvoir mieux respirer. Bien que l'on m'ait averti que je serai empêché de parler pendant vingt-quatre heures, j'essaye de communiquer. Au lieu de prononcer des mots, je borborygme.

L'affaire se termine. Je n'ai pas mal, c'est pire : je suis détruit. Je ne souffre pas. Je veux me dissoudre dans l'atmosphère. Je ne suis pas mort, mais je suis mort.

En tout cas, j'aimerais l'être.

23.
Le contraire d'une seconde

Après l'opération, je végète dans une coursive dont je revois avec précision les armoires – la mémoire s'attache décidément à d'étranges détails… Je suppose que j'ai dû attendre mes chauffeurs dix minutes, maxi ; mais le temps est relatif. Dix minutes quand on est au restau, avec des amis chers, c'est à peine une seconde. Ces dix minutes d'après la trachéotomie, c'est très exactement le contraire d'une seconde.

Je suis seul. Dévasté. Psychologiquement ruiné. J'ai l'impression écrasante d'avoir rendez-vous avec la morgue. Je me sens en miettes. Évidemment, le cancer n'est plus un sujet. J'ai disparu de moi-même. Je m'obstine à vouloir parler, proférant des borborygmes hideux et à peine audibles qui ajoutent à mon désarroi. Jamais je n'ai éprouvé une telle sensation d'impuissance. Jamais je ne m'étais retrouvé à la merci de gens susceptibles de faire de moi ce qu'ils veulent. Jamais je n'avais vécu quelque chose d'aussi terrible.

Quand les brancardiers me ramènent enfin dans ma chambre, on me tend un carnet pour écrire. Mimi et Karine, sa fille, m'attendent. Les pauvres ne s'attendent pas à me voir dans cet état. Je devine la stupeur sur leur visage. Elles ne s'étaient pas préparées à ce spectacle. Courageusement, elles tâchent de garder bonne figure… pas longtemps. Leurs larmes coulent en abondance. Moi aussi, je pleure à torrent. Nous nous embrassons. Hélas, bien que ce réconfort soit doux, *hic et nunc*, il n'éclaire guère le néant dans lequel je viens d'être plongé.

Après la trachéo, il me faut de longs moments pour me remettre et retrouver ma combattivité. C'est peu de dire que le choc subi a été rude. Et pourtant, la sensation de peur, l'impression d'humiliation, le sentiment d'impuissance et l'intuition de la mort que j'ai vécus ne parviennent pas à annihiler durablement ni mon choix – je vais me soigner – ni ma certitude – je vais guérir. J'en garde une cicatrice à l'âme qui ne disparaîtra pas avant mon dernier souffle ; cependant, je mobilise peu à peu les ressources qui m'ont toujours permis de me relever, même après les coups durs qui ne manquent pas de frapper un sportif de haut niveau, à l'instar de tout être humain.

Pour un sportif, se relever est une nécessité. Pour un gardien, c'est plus ou mieux qu'une nature : un réflexe ! Si l'on se laisse aller à la première déconvenue, à la première blessure, à la première non-sélection, à la première défaite, on ne reste pas longtemps dans les rangs professionnels ou amateurs.

Avec ma trachéo (je ne parviens pas à écrire « grâce à elle »…), j'apprends que, quand on a le cancer, la situation est assez similaire. Je dois accepter les moments où je suis plus bas que terre pour retourner défier la maladie. Si, très vite, les soins m'ont mis à terre, il me faut garder en tête le projet à long terme. Je me sens mal, voire plus que mal ? Cela ne signifie pas que je suis incapable de suivre le traitement. C'est simplement la réalité d'un moment, une photo douloureuse dans un film épique, un trébuchement dans la course qui me conduira au *happy end* de la guérison.

Donc, dix jours plus tard, je reviens à l'hôpital en guerrier, plus fort de cet enseignement. Par chance, le combat qui s'annonce est infiniment moins traumatisant. En effet, le 11 juin, près de mon épaule gauche, on me pose « la chambre » – un truc rond qu'on insère sous la peau, dans lequel on piquera pour faire passer la chimiothérapie. Ce genre d'intervention n'est jamais agréable mais, après une trachéo…

L'enchaînement d'actes préparatoires, un brin vertigineux, me convient. Dans ma vie de sportif et d'entrepreneur, j'ai toujours cherché à associer objectif à long terme et étapes concrètes. Voir loin, agir vite est une devise qui me correspond. Là, l'objectif à long terme n'est autre que la guérison. Même si tout n'est pas entre mes mains, il n'y a pas de plan B. J'ai décidé de guérir, je vais guérir.

Je sais à la fois que je n'atteindrai pas cet objectif en quinze jours, et que chaque pas dans cette direction me rapproche du but. La réussite du traitement ne dépend pas de moi, soit ; mais il me revient de franchir des étapes, de passer des paliers et d'avoir conscience que chacun de ces moments me porte vers la guérison. Je ne vois pas la guérison comme un horizon. L'horizon, c'est cette ligne qui recule à mesure que l'on progresse vers elle. La guérison ne recule pas. Elle n'avance pas seule non plus. À moi d'aller dans sa direction en effaçant les obstacles les uns après les autres.

À chaque séjour à l'hôpital, avant ma première chimio, j'essaye de visualiser mon traitement comme une course à deux. Il y a la maladie ; il y a moi ; et je n'aime pas perdre.

Pour le moment, la maladie me devance. Elle est plus forte que moi. C'est provisoire. Grâce au triathlon, j'ai l'habitude des efforts longs. Je connais les coups de moins bien, les coups de mou, les coups de barre. Ils font partie intégrante du sport. Quand ils arrivent, deux réflexes s'imposent : ne pas paniquer, et s'accrocher en attendant que ça aille mieux. Si on panique, on est mort ; or, je veux vivre.

Lorsque j'arrive pour ma première cure, je suis dans cette dynamique. Je serre les dents. J'ai hâte que l'on m'arme pour régler son compte à la pathologie. En étant volontaire ; en acceptant les petites et grandes douleurs qui accompagnent certains gestes chirurgicaux ; en rejetant la peur, le désespoir et le sentiment d'injustice, je gagne de précieux centimètres sur mon adversaire. Bientôt, je le rejoindrai, me détacherai, lui collerai une bonne mine, et j'arriverai en vainqueur.

Y a plus qu'à !

24.
Les trouvailles positives

C'est reparti, je n'en démords pas : je vais terrasser mon cancer.

Dans cette perspective, la première cure de chimiothérapie est un soulagement. Certes, j'ai beau être décidé, je ne suis pas naïf. Personne ne m'a caché qu'il y aurait des effets secondaires inévitables. Je sais que l'on s'apprête à m'injecter de pleines poches de cochonneries. Avant de guérir, je vais continuer à douiller.

J'ai conscience que ce qui s'annonce sent mauvais. Je me doute que l'effet de ce traitement n'est pas réellement comparable au plaisir de siroter un lait de coco sur une plage enchanteresse, alors qu'un soleil aux mille nuances chaudes et sanguines embrase l'horizon.

Peu m'importe. Je suis obsédé par l'urgence de tabasser la tumeur. Chaque seconde qui passe sans traitement est une seconde de perdue, voire pis : un cadeau offert au cancer pour qu'il continue de prospérer dans ma gorge avant d'envahir l'ensemble de mon corps. J'ai hâte que ce fantasme cesse. Je veux monter au front. Aller au charbon. Zigouiller la tumeur. Vite.

Je la vois, la tumeur. Je l'imagine comme une grenade dégoupillée, prête à exploser donc à répandre ses métastases partout, rendant la maladie incontrôlable. Alors, je me fiche de ce que contient l'horrible poche que mon corps doit s'enfiler. Le médicament est un redoutable poison ? À Dieu vat ! J'ai confiance dans ce dogme : la chimio est la seule équipe de démineurs capable d'annihiler la bombe qui menace de m'emmener pour un aller-simple sous une pierre tombale.

Par conséquent, je n'ai pas d'état d'âme. Pas d'hésitation. Aucune. Hormis lors de mon escapade en vélo dans les marais salants, je n'en ai jamais eu. Je suis revenu en mode *warrior*. Je suis ravi que le combat s'engage. Finis, les examens et les rendez-vous avec les spécialistes ! Finis, les rendez-vous préanesthésiques ! Finis, les travaux préparatoires ! Le 14 juin débute ma première cure de chimiothérapie. Enfin, on passe aux choses sérieuses. Enfin, je vais disposer des armes indispensables pour ratatiner, écrabouiller, pulvériser le cancer. Taïaut !

Ma volonté n'est pas aveuglement ou déni. Certes, j'ai choisi de ne pas me tenir au courant des « chances de survie » telles que prétend les établir tel ou tel site Internet : qu'est-ce que ça changerait ? Certes, je ne demande pas aux médecins de se transformer en Madame Soleil et de prédire ma date de péremption à une ou deux vaches près : je suis convaincu que je vais surmonter l'épreuve, la question n'aurait pas de sens. N'empêche, j'ai pleinement conscience que je suis en danger de mort. C'est même pour cette raison que j'ai hâte de combattre la maladie.

Je me souviens d'un passage d'*Anticancer* où David Servan-Schreiber liste une série de six peurs qu'il convient de désamorcer. En évoquant la peur de la solitude, il dénonce la « prison de la pensée positive », décrite par le docteur David Spiegel et dans laquelle, explique-t-il, il faut veiller à ne pas se laisser enfermer. « Le plus important, écrit-il, consiste à toujours espérer le meilleur tout en étant préparé pour le pire. » Ce 14 juin 2010, j'ai l'impression que l'échéance du pire recule car l'armée de mon corps va prendre possession de munitions indispensables pour repousser l'ennemi.

C'est cette tâche, ce défi, cet affrontement que j'attends depuis que le diagnostic a été posé. Je suis prêt et concentré. Je vais relever le gant en me consacrant à fond au duel auquel le cancer m'a provoqué. La lutte sera sans merci. Il n'y aura qu'un survivant : lui ou moi. Afin de mettre toutes les chances de mon côté, je suis résolu à ne vivre que cancer jusqu'à avoir éliminé cette cochonnerie. Dans cette perspective, j'ai deux atouts exceptionnels dans ma manche.

Le premier est d'être soutenu de très près. En l'occurrence, Mimi étaye ma volonté grâce à son soutien viscéral et inflexible. Elle ne prétend pas apaiser les inquiétudes que je cache ; elle ne remet jamais en cause ma certitude de guérir ; mais, discrètement, elle a revêtu sa tenue kaki et s'apprête à monter au front avec moi. Sa présence, ses mots et ses silences savent être tour à tour réconfortants, stimulants, porteurs et doux comme une aile d'orgelet. J'ignore s'il peut y avoir guérison là où il n'y a pas d'amour, prît-il dans certains cas la forme d'une forte amitié.

Par exemple, je me souviens que, au printemps 2011, Catherine, avocate de métier et bâtonnière en fonction, m'invite, avec Roger et Mimi, à l'accompagner à l'occasion d'un congrès à Côme. J'ai fini mes séances de chimiothérapie, mais je suis bien sonné. Mimi organise les détails pratiques, et nous nous retrouvons à nous balader en Italie. Enfin, nous balader… Disons que je somnole souvent sur un fauteuil, près du lac.

Vient le soir du repas de gala. Nous sommes invités. Un bus vient chercher les convives. Il s'arrête à l'orée d'un parc, à quelques centaines de mètres d'où nous attendent les festivités.

Les dames ont passé leurs plus belles tenues ; pour les messieurs, le combo costume-cravate chic est de rigueur.

Hélas, quand nous sortons du dîner, un orage nous surprend. La panique saisit mes amis. Un coup de froid, ce n'est rien… sauf pour des gens ultrafragiles comme je le suis devenu. Comme disaient les grands-mères dans le temps, je risque d'« attraper la mort ». Sans hésiter, Roger se défait de sa veste et me la pose sur la tête ; Catherine se démène pour nous appeler un taxi ; et Mimi me conduit au plus vite vers l'abri le plus proche. Rien d'exceptionnel ? Justement. Être soutenu et choyé exceptionnellement, c'est mignon mais, par définition, ça n'arrive pas souvent. Être *aussi* soutenu et choyé dans des circonstances ordinaires, c'est rassurant et réconfortant, même pour le grand gaillard que je suis censé être.

Mon second atout, qui me singularise peut-être plus que beaucoup, est de ne pas avoir à m'encombrer de préoccupations matérielles. Contrairement à de nombreux patients, je suis à l'abri du besoin. Mon entreprise est entre de bonnes mains, puisque mon fils s'en occupe désormais avec un certain talent et un talent certain. De plus, mon compte en banque est solide. Bref, je n'ai pas à me nouer le cerveau pour imaginer comment joindre les deux bouts. Je peux me concentrer sur ma bataille de Stalingrad à moi.

De l'extérieur, cela risque de sembler un détail : ça ne l'est pas le moins du monde. En ayant « de quoi tenir » financièrement, je n'ajoute pas aux angoisses, aux souffrances et à la fatigue du cancer le stress du compte dans le rouge et la mauvaise conscience de celui qui, incapable de travailler, voit arriver de plus en plus tôt les fins de mois, et culpabilise de n'y pouvoir mais. Raison de plus pour tenir le choc et courir sus à l'ennemi… et raison de plus pour rappeler que ce livre n'est surtout pas une leçon assénée aux autres malades du cancer, ou un long monologue pétri de forfanterie prétendant que, avec un peu de volonté et une pincée d'optimisme, n'importe qui peut guérir du cancer. Ce serait aussi mensonger qu'imbécile.

Ici, je raconte *mon* expérience. Aucun affrontement avec cette maladie infâme n'est comparable. J'écris en pensant que, si telle ou telle découverte positive ou astuce rassérénante que j'ai glanée en traversant cette épreuve peut aider ceux qui traversent des épreuves aussi virulentes, je *dois* en parler. Par modestie, paradoxalement, par sentiment de nécessité et par goût du partage.

25.
Le cierge qui brûle

Aussi bizarre que cela semble, c'est avec soulagement que je commence ma chimiothérapie. Direction une chambre à deux, où je côtoie un quinquagénaire sympa. La preuve : il me fait l'amitié de me « reconnaître ». À Nantes, j'y suis plutôt habitué. J'ai bossé vingt ans avec les couleurs locales, quand même ! Cela n'enlève rien au côté sympathique de la chose…

Mon voisin de lit lutte contre un double cancer du foie et du pancréas. On échange peu. La fatigue l'ensuque et s'apprête à me grignoter avec une gourmandise croissante. Je suis en moins mauvaise forme que mon compère car c'est ma première cure, et les effets nocifs ne sont pas encore trop présents. Je n'ai pas de nausée, j'ai l'impression d'être à peu près bien, juste un brin assommé. Pourtant, à intervalles presque réguliers, mon collègue se lève et, emportant son pied à perfusion avec une énergie qui force mon admiration, vu son état, m'annonce :

– À plus, faut que j'aille brûler un cierge !

Je reste interloqué par sa foi. Il a bien sûr le droit d'aller prier, mais autant de cire le sauvera-t-il ? Je suis sceptique. Il m'a fallu un paquet d'allers-retours et de perceptions olfactives avant de comprendre, naïf que je suis, que le gars allait se griller un clope devant l'entrée !

Bientôt, le bruit court dans le couloir qu'une ancienne vedette locale est là. Du coup, petit à petit, les infirmiers viennent m'encourager comme quand ils étaient gamins et qu'ils accompagnaient leur père au match du Football Club.

Je suis toujours étonné d'être reconnu par autant de mondes (je mets volontairement le pluriel car j'ai la chance d'être salué par des gens de milieux et de styles très variés), même par des jeunes, mais ça ne me rend pas différent. Dès que je peux, je discute avec qui veut discuter, personnalité, notable ou frère humain. Pour donner un exemple, peu avant que j'écrive ces lignes, j'ai subi un dégât des eaux dans mon appartement. Après le temps réglementaire de séchage, une jeune fille est venue repeindre le plafond du salon, à 3,80 mètres de hauteur. Évidemment, elle ne m'a pas « situé », et alors ? Impressionné par sa dextérité et son aplomb dans un monde réputé misogyne, j'ai été content d'échanger avec elle autour d'un café. J'aurais pu lui demander un autographe ou un selfie !

Que les gens soient peintres, grands cadres, ouvriers ou petits patrons, je m'en tampiponne : l'important, c'est l'échange. Voilà pourquoi je n'ai jamais saisi cette manie de l'autographe… mais que les *fans* se rassurent, je suis toujours heureux de dire oui si mon souvenir, photographique ou stylographique, peut procurer de la joie ! Cela m'offre une manière de prolonger ma période sur les prés nantais auprès de ceux qu'elle a fait – voire qu'elle continue de faire – vibrer.

À l'hôpital, les gens qui viennent me voir au titre de mon passé de footballeur s'y risquent avec un naturel et une sincérité qui me touchent. Ici comme ailleurs, je ne refuse jamais de signer un autographe malgré mon étonnement. Si un gamin rêvant d'être footballeur pro m'en demande un, j'accepte avec empressement. Cependant, quand un mec de trente ou quarante ans voire pire – je m'y connais – me demande un graffiti, cela m'étonne. Ce qui m'a valu la gloire ? Taper dans un ballon. Pas sauver la Terre.

Pour autant, quand une signature peut apporter un brin de joie ou de fierté, quand un tag peut raviver des souvenirs heureux, quand le signe d'une connivence peut faire kiffer en rentrant chez soi, il faut signer, sourire, accepter, c'est la moindre des choses, ne serait-ce que parce que le plaisir est partagé. De grâce, continuez à me demander de signer vos cahiers, agendas, bouts de papier et albums Panini. Même si ce que j'évoque à certains me paraît lointain et modeste en regard de ce qu'apportent les artistes, j'en suis fier et reconnaissant !

Je me souviens avoir moi-même été impressionné quand j'ai rencontré ceux que je considérais comme des figures. J'ai ainsi eu l'occasion de croiser Jean-Luc Largardère, par exemple, car Europe 1, qu'il chapeautait, était le sponsor maillot du FC Nantes – c'était l'arrivée de la publicité dans le football, sous l'impulsion de Jean-Claude Darmon. Après lui, on a eu d'autres sponsors, comme les vêtements Michel Axel, le café Côte-d'Ivoire, les maisons Mikit… Rien de comparable avec le phénomène JLL !

En dépit de ses tonnes d'occupations, il venait souvent aux matchs et en profitait pour discuter avec les joueurs… notamment Henri Michel et, je ne sais pas pourquoi, moi. J'étais sidéré d'échanger avec l'un des plus grands patrons français, le roi de Thales… En dépit des chiffres énormes qu'il manipulait à longueur de journée, le personnage savait se mettre à notre niveau, sans chichi, avec une simplicité incroyable. Chose rare chez les grands de ce monde, il écoutait ce qu'on lui répondait. D'ailleurs, quand je pense à lui, une anecdote me revient.

Après son aventure nantaise, il monte le Matra Racing. Un jour, on va affronter son équipe sur son terrain et on la vainc. Il vient me trouver après le match, à la sortie des vestiaires, et me lance tout de go :

– Jean-Paul, j'ai une question à vous poser mais, surtout, répondez-moi sincèrement. Que pensez-vous de mon équipe ?

Touché par son ton direct et soucieux de ne pas le brusquer, je réfléchis un instant avant de livrer mon diagnostic :

– Vous avez un super effectif, Président, mais vous n'avez pas d'équipe.

– C'est ce que je craignais, me dit-il en baissant la tête.

M. Lagardère ne connaissait pas le ballon, ses logiques, ses non-dits, ses mécanismes humains. Il avait sorti de gros chèques pour recruter, contre toute attente, des pointures du niveau de Maxime Bossis, d'Enzo Francescoli, de Luis Fernandez ou de Manuel Amoros. Que des bons joueurs ! Pourtant, manquait l'essentiel : le liant, l'esprit, le collectif. En plus, en guise de président, le vrai Président avait placé un de ses cadres, qui devait donc penser que le terrain, c'est une usine comme une autre. Si les machines sont bonnes, l'affaire doit tourner, non ? Ben non. Si j'ai pu aider, à ma mesure, à alimenter la réflexion de cet homme que j'estimais, sa nouvelle équipe fût-elle notre adversaire, chouette !

26.
Le but de Bob Marley

Face à des statues du Commandeur de la stature de Jean-Luc Lagardère, pour être honnête, non, je ne comprends pas que l'on demande un gribouillis à un footballeur. Il y a tellement plus important !

À Saint-Barthélemy, un soir, j'ai croisé dans un restaurant Jean-Claude Darmon, que je connaissais et qui partageait son repas avec Johnny (il l'emmenait sur l'île dans son avion privé !). La discussion avec l'idole des jeunes a tourné court : le foot n'était pas la passion du chanteur, et faire la causette avec un inconnu pendant ses libations n'était pas sa priorité.

Le lendemain, rebelote et dix de der – quels dix de der ! Mimi et moi sommes tranquillement installés à une table de l'hôtel Le Toiny, avec notre amie Pascale Minarro-Baudouin et son mari quand, au cours du repas, je vois arriver un type qui s'installe juste à côté de nous.

Soufflé, je glisse à Mimi :

– T'as vu qui *c'est* ?

Elle jette un œil et secoue la tête. Ne connaissant rien à la musique et s'en fichant comme de colin-tampon, elle ne tilte pas en voyant Paul McCartney en accorte compagnie. La soirée avançant, j'ai fini par discuter avec lui par l'intermédiaire de Pascale.

Paul, le foot, ça lui parle. Il soutient Liverpool. Je ne demande pas d'autographe ou de selfie, mais ça ne m'empêche pas d'être scotché. McCartney, c'est autre chose que Bertrand-Demanes ! Je vais même plus loin en glissant à Mimi une analyse musicologique digne du fouteux que je serai toujours :

– Hier, on a vu Johnny. Paul, il en a cinq, des Johnny, dans chaque jambe !

Blague à part, le monde du foot n'est pas si éloigné du monde de la musique que l'on pourrait l'imaginer. Parce qu'être footballeur professionnel offre parfois l'occasion d'aborder des musiciens incroyables ; et parce que certains de ces musiciens incroyables sont aussi des footophiles voire des footovores ! Dans ma collection de grands souvenirs footo-musicaux, Bob Marley tient une place de choix. En effet, le 2 juillet 1980, il est venu chanter à Nantes avec les Wailers, ses accompagnateurs, sous l'égide du producteur Daniel Nedzela.

Connaissant la passion de Bob pour le ballon rond, son tourneur a demandé au Nantais d'organiser un match avec nous le matin du concert. Avec le journaliste Alain Garnier, Daniel arrange la rencontre. Départ de l'hôtel prévu autour de neuf heures. Quarante ans plus tard, le producteur s'est souvenu dans *Ouest-France* de son stress en arrivant vers huit heures et demie. Persuadé qu'un musicien, ça ronque tard, il demande au directeur de l'hôtel s'il veut bien, s'il vous-plaît, éventuellement, avec toute la douceur requise et à condition de ne pas trop les déranger, réveiller les artistes. Réaction du patron :

– Vous rigolez ? Ils sont chaud bouillants ! Ils s'échauffent sur le parking depuis 7 h !

De notre côté, nous sommes prévenus pendant l'entraînement que Bob Marley veut jouer au foot avec nous. Sa bande et lui attendent la fin de notre séance dans le bus très sagement… ou, disons, selon leurs coutumes. Autrement dit, ils fument bédos sur bédos, toutes fenêtres fermées « pour profiter de la climatisation ».

De Bob Marley, sur le vif, je ne connais pas à peu près rien. Le reggae n'est pas une musique que j'écoute souvent ; mais je sais que mon fils Reynald est ultra *fan* de cette vedette planétaire, et le mec va blinder le stade dans quelques heures : ça se respecte. On installe donc deux petits buts de hockey ; on organise deux équipes de quatre ; et c'est parti !

À notre grande surprise, les gars jouent pas mal du tout. Nous sommes obligés de nous dépouiller pour sauver l'honneur des professionnels en l'emportant de justesse après une demi-heure de bataille à la fois acharnée et rigolarde. Après le match, Bob est encore en feu. Je me place devant les vraies cages, et le type se met à canarder. Je peux donc dire que j'ai arrêté des buts de Bob Marley, même s'il m'en a sûrement mis quelques-uns aussi ! Les congratulations sportives passées, Gilles Rampillon – le seul anglophone de l'équipe première – accepte de traduire quelques questions-réponses ; puis Bob nous fait signe de le suivre dans le bus, que les non-footballeurs de son groupe ont transformé en sauna parfumé. La fumée est tellement épaisse qu'on peine à voir quoi que ce soit dans l'habitacle. Nous en ressortons tous avec un disque dédicacé et une drôle d'odeur dans les naseaux. De son côté, Bob s'affichera le soir même, pendant le spectacle, avec un maillot du FCN que lui a offert Henri Michel. Succès garanti !

Sur le moment, je n'ai pas vraiment conscience du phénomène. Je ne me rends compte de l'importance de l'événement qu'après sa mort, dix mois plus tard, quand un tsunami médiatique pleure sa disparition. Par la suite, je profiterai de la proximité du

FC Nantes avec Daniel Nedzela, qui invite l'équipe et le staff dans les coulisses des grands concerts qu'il organise, au stade ou ailleurs. Je me souviens par exemple d'être allé, après le spectacle du 27 novembre 1979, au Palais de la Beaujoire, boire des coups et faire des photos avec Supertramp, que j'adooore. Sur un des clichés qu'il me reste, je porte Roger Hodgson dans mes bras. Il est tout petit ! Bien que je ne parle pas une once d'anglais, on a bien fait les fous avec le groupe...

Toutefois, le summum du summum restera pour moi Pink Floyd, le 10 juin 1988, au stade. Je ne suis pas pressé mais, quand on m'enterrera, je veux que les treize minutes de « Shine on, you crazy diamond » accompagnent ma dépouille en terre. Ha ! Le son du clavier *vintage* dans l'intro... L'entrée de la guitare sur les nappes de cordes synthétiques... Le *break* ternaire, et l'arrivée de la voix lunaire puis du chœur, plus de huit minutes après le début de la chanson, pour fredonner :

Remember when you were young.
You shone like the sun.
Shine on, you crazy diamond!
Now, there's a look in your eyes
Like black holes in the sky.
Shine on, you crazy diamond![1]

Mon fils Reynald m'accompagne au stade. Il a quinze ans. Nous en prenons plein la vue et plein les oreilles. Le concert est éblouissant. Les gars sont venus avec des murs d'enceinte qu'ils

1. « Souviens-toi, quand tu étais jeune : / Tu brillais comme le soleil. / Vas-y, brille, diamant dingue ! / Maintenant, je vois cet éclat dans tes yeux. / On dirait des trous noirs dans le ciel. / Vas-y, brille, diamant dingue ! »

ont installés partout. Daniel Nedzela me confiera qu'il n'avait jamais vu autant de camions de matériel débarquer. Un esprit malveillant pourrait croire que c'est pour la frime. Quiconque a assisté à un concert du groupe sait que, au contraire, le but est d'obtenir, même dans un stade, un son si fabuleux, si précis, si puissamment magique que le public ne peut que décoller dès les premières notes de guitare.

Ensuite, nous nous retrouvons *backstage*. Je peux échanger quelques mots avec David Gilmour. Je suis sur mon petit nuage. Je n'en suis pas vraiment redescendu. Ma *play-list*, quand j'allume le son chez moi ? Pink Floyd. Sur mon téléphone pour aller courir ? Pink Floyd. Dans ma discothèque ? Tous les albums de Pink Floyd, même ceux qui creusent la veine psychédélique à laquelle je suis moins sensible. J'ai prévenu Mimi : s'ils se reforment pour un concert, même à l'autre bout du monde, on y va ! Bah, ils l'ont bien fait le 2 juillet 2005 à Hyde Park, même sans Syd Barrett ; pourquoi ne pas rêver à un nouveau *revival* ?

27.
Les maîtres du monde

Outre les gros groupes internationaux, comme Dire Straits, que j'ai pu croiser grâce à mon statut de VIP local, il m'est arrivé de saluer d'autres vedettes bien de chez nous grâce à Claude Lemesle, parolier célèbre que j'ai rencontré par l'intermédiaire de notre ami commun Henri Michel. Claude m'a permis d'échanger avec Joe Dassin, Carlos, Alice Dona, Plastic Bertrand... Avec certains, on a joué au foot ; avec tous, on a rigolé ; et, alors que chacun était heureux voire fier de rencontrer une petite ou grande vedette dans son domaine, personne n'a demandé d'autographe à personne.

Bien que Claude habitât Paris, il venait pour ainsi dire à tous les matchs que nous disputions à Marcel-Saupin... et même parfois quand nous jouions à l'extérieur. Il nous suivait quasi partout, et il lui arrivait de venir avec des *stars*. Je me souviens d'avoir sympathisé avec le groupe Il était une fois, notamment avec le guitariste Serge Koolenn et avec la chanteuse Joëlle Morgensen. Nous avions évoqué leurs débuts à la Playa, à Saint-Raphaël, que nous fréquentions assidument avec Henri pendant les vacances. La Playa était un établissement posé sur la plage, comme son nom l'indique, qui associait restaurant et boîte de nuit. Nous passions quasiment nos journées là. Revoir le groupe hors du contexte estival au stade ravivait tant de bons souvenirs !

Je me souviens particulièrement de la soirée spéciale que Claude a organisée, près de Paris, après avoir signé sa cinq centième chanson... mais je ne m'en souviens pas forcément QUE pour les raisons les plus artistiques qui soient. À la périphérie de la capitale, je me retrouve en voiture, perdu dans un bois au milieu duquel est censé se dresser l'édifice où se déroule la sauterie. J'allume le plafonnier et demande à ma femme de regarder la carte – ce n'était pas encore l'ère du GPS. Bientôt, je constate dans le rétroviseur central, qu'une voiture semble nous suivre. Rapidement, une seconde caisse lui emboîte les roues. Je fronce les sourcils mais n'y prends pas plus garde que ça.

Christiane ayant du mal à trouver la route à prendre, je m'arrête pour observer la carte... quand la voiture que j'avais repérée se porte à notre hauteur et s'arrête aussi. Je baisse le carreau et j'aperçois un couple. Ils ont l'air d'attendre quelque chose et paraissent insistants. Un peu agacé, tant par leur attitude que par le fait d'être perdu, je leur laisse comprendre que je n'ai aucune idée de quoi il retourne, et que leur attitude ne va pas tarder à me gonfler. Je reviens à ma carte. J'entends le couple bizarre qui redémarre. Nous finissons par arriver à destination. En saluant notre hôte, je lui lance en rigolant :

– Dis donc, y a de drôles de loustics, dans le bois d'à côté !

Je lui raconte l'anecdote. Au tour de Claude d'éclater de rire et de nous expliquer : nous nous sommes égarés dans un lieu de rencontres échangistes. Pour distinguer les volontaires des simples usagers de la route, ces coquins gourmands ont un signe de reconnaissance – ils allument le plafonnier.

Nous nous esclaffons de bon cœur, et la soirée commence. Si je vous dis « exceptionnel », vous voyez le concept ? Cherchez un mot encore plus fort, placez-le dessus et vous aurez une petite idée du moment éblouissant que j'ai vécu. Je me souviens d'avoir croisé nombre de figures iconiques de la chanson française en particulier et du *show-biz* en général... Je me souviens aussi que, après quelques whiskies bien tassés, alors que la nuit était avancée, Michel Legrand et William Sheller se sont mis au piano ; et, là, après quelques minutes, j'ai pensé : « Bon, d'accord, ce sont eux, les maîtres du monde ! »

Quand tu aimes la musique, tu ne peux qu'être ébaubi par leur dextérité, leur intelligence et leur savoir-faire. Les mecs partent sur un morceau classique, ils t'y insèrent une mélodie que chacun connaît, ils te la reprennent façon *jazzy*, ils changent d'atmosphère et débarquent sur une autre idée et, rebelote, nous sommes transportés. Par leur talent, leur sens musical, leurs intuitions, et l'évidence du pied qu'ils prennent à jouer et à partager leur musique. Les types s'éclatent, et c'est bon, des artistes qui prennent plaisir à partager leur plaisir !

Donc, pour moi, pas d'autographe, pas de selfie avant l'heure. Juste un moment hors du temps où celui qui apporte un peu de sentiments forts (la joie, la fierté, la colère sans doute quelquefois !) aux *supporters* de son club en tapant dans un ballon, se laisse envoler par des gens pourvus d'un talent qui dépasse les bornes de son imagination. Moi qui ploum-ploume péniblement sur les claviers ayant le malheur de croiser ma route, je découvre ce que l'on peut faire avec ces instruments quand on est profondément musicien. C'est éberluant, énergisant, émouvant. Ça, c'est grand.

28.
Le choix du verbe

La célébrité, quelque relative soit-elle, et le rapport que l'on entretient avec les gens célèbres sont des caractéristiques et avec des variantes humaines tout à fait étonnantes.

Je me souviens d'un mouvement de foule qui m'avait impressionné. Ce n'est pas médire de ma ville d'adoption que de reconnaître un fait : à Nantes, l'hiver, le climat est susceptible de compliquer la préparation des sportifs qui ont la mauvaise idée de ne pas se contenter de la salle de *fitness*. La neige et le gel rendent souvent les bons vieux terrains impraticables. Une année, le staff décide donc de nous emmener quinze jours travailler en Argentine. Jorge Burruchaga conseille chaudement Mar del Plata, le Saint-Tropez argentin.

Très bon choix ! Nous ne sommes pas mal accueillis du tout. Même si ce n'est pas spécialement en notre honneur et même si nous sommes là pour travailler avec le sérieux qui caractérise un sportif pendant la trêve hivernale, nous sommes ravis de constater que, dans l'hôtel, de nombreuses nanas se baladent en string. Disons que ces petites tenues complètent agréablement un décor paradisiaque.

Un soir, « Coco » Suaudeau nous donne exceptionnellement quartier libre. Moi, pas fou, je colle aux basques de Jorge. Le mec connaît le coin, c'est une valeur sûre ! Dès que Jorge et moi arrivons au restaurant, le patron fait place nette pour nous accueillir à la table principale. Ici, Jorge est quasiment sacré !

Or, au fur et à mesure du repas, une drôle d'ambiance s'installe. En effet, petit à petit, je vois débarquer devant le restaurant des gens, de plus en plus de gens, puis un monde de malade. Le patron a-t-il appelé ses connaissances qui, à leur tour, ont appelé leurs relations ? Je ne saurai jamais par quel miracle, au dessert, deux à trois cents personnes, selon mon estimation, attendent à la sortie de l'estaminet. Drôle d'impression quand tu es juste sorti pour manger un bout avec deux collègues que tu apprécies !

Je finis par demander à Jorge comment on va sortir de là. Il rigole et me demande :

– Pourquoi ? Tu crois qu'ils sont venus pour nous lyncher ?

– Non, pas forcément, mais…

– Alors, où est le problème ?

Et, en effet, quand nous sortons, il n'y a pas de problème. Aucun. La marée humaine s'ouvre devant l'icône. Pas un gars ne se permet de taper sur l'épaule de l'idole ou ne manque de l'éborgner avec son stylo en réclamant un autographe. Nous sortons presque simplement, sous les vivats destinés à Jorge. Le respect des *socios* à son endroit est resté gravé dans ma mémoire.

Il est une autre occasion particulière où j'ai failli découvrir une autre forme de respect envers les fouteux : l'immunité.

Après la Coupe du monde de 1978, presque toute l'équipe de France se retrouve en vacances – un peu plus tôt qu'espéré – au Sheraton de Copa Cabana. À un moment, Henri et moi éprouvons l'envie de voir autre chose que la plage. Problème : les quartiers chauds – ce genre d'endroit où les taxis ne s'arrêtent surtout pas aux croisements, même quand le feu est rouge – sont très proches. Nous nous renseignons auprès des employés pour évaluer le risque que nous prendrions à nous balader ailleurs que sur le sable fin.

– Ne portez rien de valeur sur vous, et ça se passera bien, affirme l'un d'eux.

– Et, surtout, ajoute un autre, si vous avez un souci, dites juste : « Seleção francês ! »

Apparemment, pendant la Coupe du monde, le statut de footballeur était un laissez-passer inviolable. Je dois reconnaître que, par bonheur, nous n'avons jamais eu l'occasion de le vérifier.

Comme moi et comme n'importe quel sportif professionnel, même beaucoup plus starifié que je ne l'ai été, chacun a ses souvenirs, ses admirations, ses fascinations et sa manière de les exprimer. Quand bienveillance et respect sont au rendez-vous, toutes ces stratégies pour dire bravo sont respectables et devraient être respectées. En tant qu'ex-célébrité du foot, je suis conscient de ce que j'ai réalisé sur les terrains, même si j'aurais aimé enfoncer le clou, et je frétille à l'idée que cela émeuve certains, quel que soit leur âge. Reste que – et ce livre peut expliquer pourquoi –, pour ma part, je suis davantage admiratif des artistes en général et en particulier des maîtres de l'art médical qui sauvent des vies, que des gens qui sauvent des buts.

En plus, pendant ma première chimio, je sais que je ne suis pas à mon avantage pour saluer curieux et *fans*. Mon costume – le pyjama règlementaire – est pourri, et, très vite, ça y est, je suis fatigué. Tant pis ! Quand des employés ou d'autres malades viennent me saluer parce que je suis « le Bertrand-Demanes », je suis content de parler avec eux comme je l'aurais fait s'ils ne m'avaient pas reconnu et, évidemment, comme je l'aurais fait si nous ne nous étions pas retrouvés dans un endroit pareil.

D'autant que je suis conscient qu'être connu a peut-être, et peut-être seulement, contribué à ce que l'on m'accueille avec plus d'égards que l'on eût prêté si je n'avais pas été une vedette du temps jadis. Je ne vais pas me plaindre si la célébrité n'a pas que des mauvais côtés !

Il n'empêche, même si je discute volontiers avec mes visiteurs impromptus, je ne suis pas au centre de cancérologie de Nantes pour une séance de dédicaces. Je viens subir une chimio ou en bénéficier. Pour savoir quel verbe privilégier, rendez-vous à l'arrivée. C'est si facile de juger, *a posteriori*, si toutes les souffrances encaissées pour guérir valaient les peines qu'elles ont causées…

29.
L'adieu au bœuf bourguignon

On m'a averti : la chimio va faire son œuvre. Inéluctablement,

- je vais perdre mes cheveux,
- je vais avoir des nausées, malgré les cachets que l'on me fournit, et
- je vais cesser d'avoir envie de me nourrir.

Pendant quelques jours, la première chimio me rend très fier de moi, car je n'ai à peu près aucun des symptômes dont on m'a menacé. Je veux croire que mon passé de sportif de haut niveau me protège. En réalité, il ne me protège aucunement. C'est juste que l'effet retard des traitements ne m'a pas encore frappé.

Dès la deuxième session, je me sens assommé. À peine revenu chez moi, je m'asseois dans un fauteuil et je ne bouge plus. Je suis un zombie. Très vite, je perds l'appétit et dois être nourri avec des poches. Adieu, bœuf bourguignon, filet mignon et plat du jour ! Ne comptez plus sur Jean-Paul Bertrand-Demanes pour payer les violons du bal, il a démissionné du *fan-club* rassemblant les amateurs de bonne bouffe.

Par conséquent, je lutte.

La journée, j'essaye de manger au moins un peu. Mimi me soutient et laisse dans chaque pièce, comme pour honorer les petits dieux de la maison (en réalité pour m'éviter d'avoir à faire l'effort d'ouvrir le frigo), des assiettes avec des compotes et des petits gâteaux. Je suis trop épuisé pour rendre honneur à ces attentions, d'autant que, dans ma bouche, règne le goût dégueulasse de mercure que laisse la chimio.

La nuit, ce n'est pas mieux. Je suis secoué de haut-le-cœur. Il n'est quasi pas question d'avaler une miette, même broyée. Tout passe dans l'estomac par l'intermédiaire des poches que je connecte directement au cordon implanté par gastrostomie. Le gourmand que j'ai été a été pulvérisé par les traitements. Quand je pense que ma carrière de footballeur a failli être tuée dans l'œuf à cause d'une pâtisserie…

Impossible d'oublier cette anecdote, qui prend place peu après mon arrivée comme stagiaire au FC Nantes, le lundi 3 novembre 1969. J'ai dix-sept ans. Le mercredi, je débute contre Marseille. Le samedi, nous sommes en déplacement à Sochaux. Nous partons en train : Nantes-Paris puis Paris-Montbéliard. Sur place, il tombe des cordes pas possibles. À l'échauffement, je n'arrête pas un ballon. José Arribas est épouvanté par mon niveau du jour. Il ne cesse de frapper son crâne chauve avec la paume de sa main, en signe de dépit. Il s'attend à une catastrophe. Hélas, je ne peux pas lui donner tort : les mauvais augures sont réunis !

Le match commence. Nous avons le vent de face. En clair, même quand les attaquants adverses me pilonnent depuis les trente mètres, j'ai l'impression que le ballon m'arrive dessus tel un boulet de canon. Or, j'arrête tout. Problème : impossible de tirer les six mètres car, quand je dégage en tapant comme une mule, le ballon revient, passe au-dessus de la transversale, et ça fait *corner*. Mes défenseurs viennent à ma rescousse et profitent de leurs grosses cuisses pour me suppléer. Moi, je commence à peine ma vie professionnelle, j'ai des cannes de serin, pas encore de Canari !

À la mi-temps, l'entraîneur m'encourage. Cette fois, je suis serein car le vent nous est favorable. Nous nous dirigeons vers une belle victoire… mais l'arbitre arrête le match à la soixantième minute pour complaire le club local. En effet, passée l'heure de jeu, l'hôte n'est pas tenu de rembourser les spectateurs. Dégoûtés par cette décision (les conditions n'étaient pas plus dégueulasses à la soixantième qu'avant), nous filons nous doucher. Le match ayant été arrêté une demi-heure plus tôt que prévu, nous avons le temps de flâner un peu dans Sochaux avant de gagner la gare et de filer vers Paris. Paul Courtin m'entraîne dans le cœur de ville de Montbéliard, c'est-à-dire dans la rue principale, vu qu'il n'y a rien d'autre. Nous passons devant une boulangerie encore ouverte.

– Chic ! s'écrie Paul. On va manger un gâteau, ça te dit ?

On entre. Il m'invite à choisir ce qui me chante. J'opte pour une religieuse au chocolat. Pendant qu'il paye, j'attaque le chou qui couronne le gâteau… et j'entends toquer à la vitre. Je lève les yeux et vois le père Arribas qui, de la main, mime le geste de me mettre une fessée. Je m'exclame :

– Putain, Paul, le *coach* !

– Oh, non ! s'épouvante mon ami. On s'est fait choper. Oh la la la ! La catastrophe !

– Comment ça, « oh la la la » ?

– Oh la la la la la la !

– Mais encore ?

– Ben oh la la la, Jean-Paul ! Oh la la la la la !

– Calme-toi, c'est juste un gâteau !

– T'as pas compris, Jean-Paul. On est virés. Vi-rés ! On est des footballeurs professionnels, on n'a pas le droit de manger de gâteaux…

– Allez, arrête tes conneries ! On ne va pas être virés parce qu'on a mangé un gâteau !

– Ha, c'est vrai que tu viens d'arriver… Ben tu vas pas rester longtemps, crois-moi.

– Tu m'charries.

– T'es dingue ! Tu te rends pas compte ! Pour le père Arribas, la diététique, y a rien de plus important. Il arrête pas de répéter qu'il ne peut pas entraîner des éléphants, c'est pas son métier. Oh, putain… On est perdus, Jean-Paul, on est perdus !

– Mais pourquoi tu m'as proposé d'entrer ici, alors ?

– Je pensais que tu surveillais autour de nous ! Tant que personne nous voit, manger un gâteau, c'est pas grave… Si le *coach* nous surprend, oh la la la ! Oh la la la la la !

Je suis effondré. Au bout de ma vie. J'essaye de m'enfoncer dans le sol. J'ai la honte. Tout gâcher pour une maudite religieuse au chocolat… Comment survivre à ça ? Comment *vivre* après ça ?

Sur le chemin de la gare, Paul prend de l'avance. Je m'en rends à peine compte. J'anticipe sur ce qui va se passer. Je vois le père Demanes quand je vais débarquer à la maison, la tête basse et la queue entre les jambes, licencié pour crime de boulottage. Aujourd'hui, quand les gosses sont punis à l'école, certains parents filent rosser l'enseignant ; lui, c'est le petit con qu'il va châtier !

En attendant le train et tout au long du voyage, les autres joueurs viennent me voir, abattus. Dans la bouche de Bernard Blanchet, Henri Michel ou Gabriel De Michèle, le même lamento incrédule s'écoule :

– T'as déconné, Jean-Paul ! Un gâteau, devant le *coach* ? Mais t'es fou ! Comment t'as osé ? On n'a pas l'droit aux gâteaux, tu d'vrais l'savoir, enfin ! T'es plus un gamin, t'es passé pro !

De Sochaux à Paris puis de Paris à Nantes, tour à tour, ils viennent me tanner. Je n'en peux plus. Je finis par aller voir directement l'entraîneur pour négocier :

– Monsieur Arribas, je savais pas, pour le gâteau… Excusez-moi ! Qu'est-ce que je peux faire pour me rattraper ?

Je me lance dans une liste de peines improbables : des tours de terrain en pagaille, des séances supplémentaires, n'importe quoi qui m'évite le couperet de l'exclusion !

Le patron garde son air renfrogné, ne daigne pas me répondre, me chasse d'un geste comme si j'étais une mouche – une sacrée grosse mouche, mais une mouche. Et ce n'est qu'à l'arrivée à Nantes, une éternité après notre départ de Montbéliard, que l'entraîneur daigne venir me voir et me parler, la mine grave :

– Je vais faire quelque chose qui n'est pas habituel, chez moi, Jean-Paul. Je vais passer l'éponge pour cette fois. Demain, dix heures, à l'entraînement. Et que ça ne se reproduise pas !

J'hésite encore entre sauter de joie et pleurer de soulagement quand, soudain, un éclat de rire général déflagre sur le quai. Mes collègues, hilares, se tiennent les côtes. J'ai l'impression qu'ils vont littéralement se rouler par terre. Un temps stupéfait, je comprends qu'ils m'ont laissé marner pendant tout le voyage et que je viens de vivre, gros Jean comme devant, mon bizutage chez les Canaris.

30.
L'intelligence de la *punchline*

L'acteur principal de ce bizutage, Paul Courtin, je l'ai rencontré à mon arrivée à Nantes. Presque aussi grand que moi, il a huit ans de plus que mézigue. À l'époque, il est professionnel depuis dix ans. Il en a passé sept sous la bannière du RC Lens, qui l'a ballotté à Avignon puis à Arles. En 1967, il a signé à Nantes. C'est un ailier gauche de très bon niveau, qui a été sélectionné en équipe de France en 1966 avant de voir sa carrière décliner à cause d'une grave blessure au genou, survenue dans des circonstances improbables : pour une photo d'avant-match, il s'est accroupi et coincé le ménisque, signant le début de ses galères sportives.

Malgré notre différence d'âge, je me rapproche de lui dès notre rencontre car c'est le seul pro qui soit célibataire. On mange ensemble et, avant que je fasse chambre commune avec Henri Michel lors des déplacements, je me retrouve à partager celle de Paul. Les premiers mois, quand l'entraînement est fini, je m'ennuie comme un rat mort dans ma chambre de la rue George Sand. Bouquiner en attendant l'heure de ronfler, ça va un moment… Paul me propose de prendre une colocation avec lui, et nous nous retrouvons à cohabiter dans une maison sise rue Pierre de Coubertin, non loin du parc de Procé. J'accepte. Comment refuser une occasion de cohabiter avec Jésus ?

Car c'est bien de Jésus qu'i s'agit ! Avec ses cheveux longs, Paul correspond en tout point à l'image que l'iconographie a offerte au fils de Dieu. Pour le reste, je lui ai souvent dit qu'il avait raté son orientation : il aurait dû entrer dans les ordres – ce n'est pas pour rien que je l'ai choisi pour être le parrain de mon fils Reynald... Un exemple typique de Jésus Courtin ? L'hiver, quand il croise un clochard qui n'a pas d'endroit où dormir, il l'embarque et le laisse dormir chez nous en dépit de mes protestations véhémentes.

Toujours souriant et prêt à rendre service, il fait profiter de son excellent niveau de tennis (il était classé 0) pour dispenser des cours aux secrétaires du club entre midi et deux – sans contrepartie, je le précise. Pour ne pas dire non, il avale un sandwich dans sa voiture avant la reprise de l'entraînement. Que je le traite d'imbécile heureux n'a aucun effet sur sa générosité.

Encore gamin et novice dans la vraie vie, je regarde ce phénomène avec des yeux ronds et, à ma manière, je m'imprègne de sa façon d'être. Par exemple, Paul se fiche royalement de l'argent. Mais la Paul attitude va plus loin.

Un jour, en plein match, le score est nul et vierge. Paul se démène, récupère un ballon et arrive seul devant le but. Le gardien et le défenseur foncent sur lui... et se télescopent. Le but est vide. Paul tire délibérément à côté. Pour lui, marquer dans ces circonstances aurait manqué de *fair-play* – un geste de grand seigneur ou de fou, sans doute un peu des deux ! La morale veut qu'il a été sauvé de la colère de ses coéquipiers parce que nous avons fini par gagner le match, même si je ne crois pas qu'il ait été autant traité de « con » que ce jour-là ! Paul, c'était ça.

Quand je suis à l'armée, incorporé au bataillon de Joinville, c'est ce personnage qui me réveille le lundi matin (j'ai alors un certain talent, que j'ai perdu par la suite, pour ne pas entendre mon réveil, surtout quand il tintinnabule à sept heures pétantes). C'est lui aussi qui vient me chercher tous les vendredis à la gare. Un dimanche soir, à cause d'une raison que j'ai oubliée, nous nous engueulons. Pour énerver Paul, il faut y aller, mais deux mecs dans une maison, même s'ils s'apprécient, même si l'un d'entre eux a du sang de Jésus dans les veines, ça produit forcément des étincelles, par exemple les soirs de fatigue. Bref, nous montons dans les tours, et l'affaire se conclut comme elle doit se conclure entre deux gamins, par le rugissement du plus âgé :

– Puisque c'est comme ça, je n'te parle plus !

Une porte claque, et je dois accompagner cette sortie théâtrale en marmonnant au choix

• une saillie poétique et profonde,
• une *punchline* intelligente et philosophique, ou
• une réplique définitive et brillante,

bref, une ânerie qui devait ressembler à :

– Si tu t'imagines que j'en ai quelque chose à foutre, franchement, t'es encore plus con que t'en as l'air !

J'ai compris le lendemain matin, à neuf heures, qui était le con, dans l'histoire. Sur ma table de chevet, un mot :

« *Il est sept heures, lève-toi.* »

Je bondis. Je vais me faire démolir ! Je gueule comme un putois et tambourine à la porte de Paul en rugissant :

– Mais pourquoi tu m'as pas dit qu'il était sept heures ?

Une feuille glisse sous la porte :

« *Parce que je ne te parle plus.* »

31.
Les fils de la 4L

Quelque temps plus tard, après que j'ai survécu au courroux de mes supérieurs et que Paul et moi nous sommes – évidemment – rabibochés, mon ami vient me chercher un vendredi à la gare de Nantes. J'avise aussitôt son visage ravagé. Je m'inquiète de sa santé et de celle de sa mère, plus toute jeune, qui habite loin, à Villeneuve-lès-Avignon. Oh, ça ne se fait pas mais, tant pis, permettez-moi de glisser une anecdote dans l'anecdote. Ça sera la seule fois dans ce livre, alors soyez indulgents, d'accord ?

Un jour, je m'étais rendu avec Claude Arribas et nos épouses à la Seigneurette, leur vieille demeure bourgeoise, située au bout d'une longue allée de tilleuls et maintenue dans son jus, ce qui lui donnait un cachet fou. Nous étions descendus en Avignon à l'occasion d'un repas mémorable, au cours duquel j'ai croisé quelques grandes figures de la famille Courtin : le frère – pas Jean-Marie, l'autre footballeur de la famille mais Michel, le peintre-tennisman haut en couleurs –, la sœur très investie dans la secte Moon, et la matriarche.

Serait-il arrivé malheur à cette dernière ? Paul me dit que, non, c'est pas ça le problème, il se passe « quelque chose de beaucoup plus grave ». Je tique et m'enquiers :

– Qu'est-ce qui peut être « beaucoup plus grave » que ça ?

– Monte, je vais te montrer ! lâche-t-il.

À toute berzingue, il m'amène à proximité de la cathédrale de Nantes. L'édifice fume. Nous sommes le 28 janvier 1972, et un ouvrier de Rineau Frères a mis le feu accidentellement à la toiture… même si la justice a reconnu que le coupable n'était autre que l'État français, qui n'avait pas dépoussiéré le lieu de culte, transformant la poussière en combustible prêt à s'enflammer à la moindre étincelle. De fait, l'incendie a embrasé le bâtiment. Les pompiers ont « réalisé l'impossible », c'est-à-dire pas grand-chose, et les vestiges encore chauds sont dans un état de désolation spectaculaire.

Paul est plus que bouleversé : renversé. Pour ma part, je trouve ça triste, fâcheux, regrettable, tout ce que l'on veut. Cependant, peut-être parce que je ne suis pas très versé ni dans la religion, ni dans les vieilles pierres, et indépendamment du respect que j'éprouve pour le patrimoine de la région où je vis, je mentirais en disant que je suis submergé par le désarroi. Que l'on m'entende bien, j'ai conscience qu'un pan important de l'histoire architecturale de la ville vient de partir en fumée, et cela me chagrine. Ce nonobstant, je reste sidéré par le décalage entre l'incendie d'un bâtiment public et l'émotion quasi métaphysique – non, pas quasi : métaphysique – qui a saisi mon ami. Je souffle :

– Bon, c'est que du matériel, tu m'as fait peur !

– C'est pas *que* du matériel, proteste Paul. Tu te rends compte de la puissance du lieu ? de ce qu'il représente ? de ce qu'il incarne ?

Même pour le contenter, je peine à partager la violence de son émoi qui, dans mon souvenir, illustre les penchants mystiques et transcendantaux qui animaient mon collègue… ce qui, Dieu soit loué au moins pour ça, ne l'empêchait pas d'être secoué et drôle. C'est évidemment l'association entre le mystique perché et le type déjanté qui me fascinait chez lui.

Je me souviens d'un soir, vers dix-huit heures. Nous rentrons chez nous à pied. Des employées d'un magasin de chaussures rangent leur étal extérieur. Aussitôt, Paul se précipite et me dit :

– Viens, on les aide !

Et, sans leur demander leur avis, c'est nous qui avons plié les présentoirs et les avons rapatriés dans le local.

Aujourd'hui, cette initiative incongrue, quelque généreuse paraisse-t-elle sur le principe, risquerait de passer pour une agression ou, du moins, pour une interaction importune. Sauf que, à l'époque, tous les Nantais connaissaient les footballeurs. Nous représentions la ville. Nous exercions un métier mais nous n'étions pas des mercenaires interchangeables, passant d'un club à un autre chaque année, au gré des décisions d'agents avides de commissions. Nous n'étions pas coupés de la population, protégés du tout-venant par des salaires mirobolants et donc contraints de vivre dans des petits quartiers de superriches gardés par des Rambo. Dans beaucoup de villes, aujourd'hui, les footballeurs, personne ne les connaît. C'est sans doute un avantage pour eux : ils peuvent se balader dans la ville tranquillement, aucun hurluberlu ne les importunera pour obtenir des selfies ou leur demander si, *wesh*, ils pourraient pas embaucher leur cousin pour conduire leur voiture ou tondre leur gazon, t'as vu ?

Foin de fausse modestie : si, nous, personne ne nous importunait, c'est parce que nous étions sympa. Nous allions au stade Marcel-Saupin dans nos voitures, que nous garions sur un parking clairement identifié sans que quiconque eût l'idée de venir détériorer nos véhicules, même quand notre prestation avait déçu le public, à juste titre ou non. Quand nous arrivions, nous traversions la foule des gens qui venaient assister au match et s'arrêtaient devant les tables où se vendaient les chopines de blanc et de rouge. Les types nous tapaient dans le dos en nous lançant des banalités aimables comme :

– Allez, les gars, ce soir, on va gagner !

Et nous répondions, tout aussi originaux mais pas moins sincères, que nous n'étions pas venus pour présenter notre bidon à l'adversaire afin qu'il nous étripe et expose nos viscères sur le terrain…

Notre attitude, franche et virile, était à cent lieues des paillettes malsaines qui, parfois, me font grincer des dents quand je vois l'évolution de mon sport. Avant le match, nous n'avions pas besoin qu'un vigile nous protège, nous et la Rolex que nous n'avions pas au poignet, quand un *fan* venait nous interpeler, enthousiaste ou chafouin. Nous n'arrivions pas en costard-cravate pour prétendre être classieux et friqués ou pour complaire les sponsors (donc souvent les deux). Après les quatre-vingt-dix minutes, nous n'avions pas besoin qu'une chargée des relations presse nous emmène du vestiaire à la salle d'*interview*, merci, nous connaissions le chemin et nous étions assez grands garçons (surtout moi) pour nous balader sans chaperon. Nous n'avions pas besoin de ces sketchs car nous savions que, ce qui constitue la grandeur d'un club, ce n'est ni le décorum, ni le nombre de ses salariés inutiles qui le détermine : c'est ce que les joueurs vont gagner avec les dents sur le terrain, grâce à un collectif solidaire et un staff compétent.

Ainsi, je me souviens que Paul conduisait une vieille 4L pourrie et que, dans le coffre, il avait étendu des fils. En effet, à cette époque, nous lavions notre linge et nos godasses nous-mêmes. Si bien que, entre les séances d'entraînement du matin et de l'après-midi, quand nous allions manger au restaurant, mon binôme se baladait avec ses maillots du club encore humides en espérant que la chaleur de la fin du mois d'août les sècherait pendant notre collation. C'était ça aussi, le foot pro, jadis. C'était ça aussi qui nous rapprochait des gens. C'était ça et une évidence : nous aussi, nous faisons partie des gens. OK, provisoirement, nous étions plus connus. Nous pouvions passer pour des nantis ; nous pouvions être idéalisés ; et alors ? Au fond, nous n'étions ni plus ni moins que des gens ; et nous en avions conscience.

Parce que nous étions sportifs, nous voulions les aider à rêver grâce à nos exploits *sportifs*, pas en nous éloignant d'eux sous prétexte que cet éloignement nous rendrait plus mystérieux donc plus désirables. Nous voulions gagner grâce à eux et avec eux parce que, avec eux, à notre façon mais avec eux, nous étions partie prenante d'une même société et d'une même ville. Nous étions Nantes comme ils étaient Nantes, donc nous nous dépassions pour la ville où nous étions payés. Bien que, pendant quelques années, nous gagnions mieux notre vie que beaucoup de nos *supporters*, nous ne prétendions pas être intouchables. Au sens physique, d'ailleurs : les spectateurs pouvaient nous toucher. Cela ne nous effrayait pas. Au contraire, nous ne voulions pas être la reine d'Angleterre que l'on aperçoit de la taille d'un petit pois chiche, au fond, sur son balcon ou au bord de son carrosse, et que l'on acclame quand on croit que, peut-être, *wow*, quelle émotion, elle a agité la main.

La part de rêve que nous charrions – qui est une composante indispensable de notre profession et contre laquelle nous n'éprouvions certes aucune répulsion, au contraire ! – plongeait ses racines dans notre métier original, difficile, exigeant, réservé à quelques concitoyens et sujet à maints fantasmes. Elle se nourrissait de la gloire médiatique qui nous enveloppait, que cette gloire soit locale ou nationale ; et elle s'appuyait sur le fait, euphorisant pour les *fans* comme pour nous, que des milliers de gens venaient nous applaudir (ou nous huer, parfois !) deux fois par semaine, qu'ils parlaient de nous à l'école, à la maison, au turbin, que nous étions des figures connues, presque ces frères un brin célèbres que l'on ne croise pas tous les jours mais qui nous sont intimement familiers. Voilà ce qu'était la part rêvée de notre existence, qui ne devait rien à des salaires obscènes, des pépées de brochure glacée et des villas avec piscine dont pas un spectateur ou presque n'aurait pu se payer seulement le centième du terrain.

En 2022, le statut de footballeur professionnel a changé. On a coupé les sportifs de leur public. La mise en scène est grotesque, avec ces cars protégés par les motards devant et derrière le véhicule, et d'étranges zozos peroxydés qui en descendent avec le casque sur les oreilles sous la garde rapprochée d'une meute de gardes du corps aux abois… Comment on est arrivés là ? Et le regretter, est-ce l'attitude d'un fieffé nostalgique, passéiste et réac, ou celle d'un amoureux du foot de haut niveau qui revendique sa part de lucidité ?

32.
Le charcutier de Clermont

La force du FC Nantes est d'avoir joué à fond le principe du football comme sport collectif, c'est-à-dire comme une activité qui réunit trois éléments : des joueurs, des joueurs qui s'apprécient, et des joueurs qui sont prêts à sacrifier leur individualité sur l'autel de leur équipe. Les faits, têtus, ont démontré le bien-fondé de cette équation. À part Max Bossis au Matra, peut-être, exception qui confirme la règle, aucun de ceux qui sont partis ne se sont imposés dans un autre club.

Ainsi après sa blessure, malgré des salaires ébouriffants pour l'époque et un titre avec les Girondins, José Touré s'est perdu après son départ (les vapeurs de la nuit avaient leur part dans son déclin sportif). En dépit de ses deux titres glanés avec les Girondins, Thierry Tusseau a peiné à s'imposer et a fini en Deuxième division au Stade de Reims, ce qui n'a rien de déshonorant mais n'est pas à la hauteur du rayonnement qu'il avait au FC Nantes. Après la Coupe du monde de 1986, William Ayache a quitté Nantes pour fréquenter un temps de très grands clubs, mais jamais plus d'une saison, y compris quand il a tenté un retour à la maison. Michel Bibard a eu beau participer au titre du PSG de 1986 et être entouré d'anciens du FCN comme Fabrice Poullain et Henri Michel, il n'a pas retrouvé au Parc des Princes la place de titulaire indiscutable qu'il avait patiemment gagnée à Nantes.

Les gars n'étaient pas devenus des chèvres en quittant la Beaujoire. Ils n'ont pas abandonné leurs qualités dans le vestiaire de Nantes quand ils ont cédé aux sirènes concurrentes. Ils ont sans doute eu mille raisons de tenter une autre aventure. Humainement, leur choix n'est pas discutable. La question me semble davantage sportive. Quoique j'aie l'air de plaider pour ma chapelle, partant, avec une objectivité restreinte, dans les paramètres ayant présidé à leur choix de partir, je me demande parfois s'ils ont pesé le fait que le football à la nantaise était un art de coordonner des joueurs de bon niveau de sorte que le résultat d'ensemble fût infiniment supérieur à la masse d'individualités.

Pour le résumer d'une formule qui semblera peut-être bizarre : nous étions bons parce que l'équipe était bonne plus que parce que nous étions bons. En clair, nous avions foi dans l'idée que, si le collectif de Nantes est bon, un jour, on parlera de nous. Tantôt, le héros sera le buteur, tantôt l'animateur de jeu, tantôt l'auteur d'un arrêt improbable. Dans les clubs qui rament en dix-septième de la Ligue 1, des gars signent sûrement de très bons matchs, mais personne ne les connaît – à part le charcutier de Clermont ou le boulanger de Troyes, ce qui peut être plaisant voire avantageux si l'on se ravitaille chez les commerçants de quartier – parce que le collectif pêche. Jamais, sur la durée d'une saison, une individualité, si brillante soit-elle intrinsèquement, ne sauvera un club ni n'éblouira assez les *fans* pour rayonner au-delà d'un petit cercle.

D'où l'insistance des dirigeants nantais sur la cohérence d'ensemble du groupe pro, laquelle n'empêchait pas, et c'est heureux, que des joueurs se regroupent en fonction d'affinités individuelles. Par exemple, Bruno Baronchelli et Loïc Amisse se sont longtemps entendus comme larrons en foire. Certes, sur le long terme, beaucoup de liens se défont ; certes, la solidarité peut rester strictement professionnelle (j'ai gardé très peu de liens amicaux avec mes partenaires, même si je suis toujours heureux de les recroiser et d'échanger avec eux, quand l'occasion s'en présente, et même si je suis de ceux qui ont accouru quand Philippe Daguillon, kiné iconique du FC Nantes, est tombé malade) ; du moins la cohésion sur le terrain est-elle considérée comme essentielle.

Nourrissant l'esprit de groupe, des connexions plus fortes s'établissaient avec tel ou tel partenaire. Sans me vanter, je n'ai pas choisi le pire des collègues quand il s'est agi de trouver un binôme. Lorsque Paul a été mis hors-jeu par sa blessure, j'ai opté pour Henri Michel, et il se trouve que l'intéressé a validé l'option !

33.
La grande enfance

Quand j'arrive au club, le 3 novembre 1969, Henri Michel est là depuis trois ans.

Il a été recruté après les deux titres de champion de France du club. À l'époque, le noyau professionnel du FC Nantes est constitué d'une petite quinzaine de joueurs, autour desquels gravitent quelques joueurs du coin plutôt alignés en Troisième division. Henri a vingt-deux ans mais, aux âmes bien nées, la valeur n'attend point le nombre des années ! Au bout de huit jours, je comprends que ce jeune coéquipier est le taulier.

D'autres anciens pourraient lui disputer ce rôle, comme les historiques Robert Budzynski, bien qu'il soit alors diminué par une double fracture contractée un an plus tôt, Bernard Blanchet ou Gabriel De Michèle, qui a participé à la Coupe du monde de 1966. Néanmoins, Henri règne pour deux raisons évidentes.

D'une part, il est nettement plus fort que les autres. Lui transforme le terrain en scène et devient Rudolf Noureev dansant un solo ; nous, on a la grâce chorégraphique de bûcherons mal réveillés à qui on ordonne de danser une bourrée. D'autre part, il a une aura que nul ne peut lui contester. Tout le monde voit son talent, tout le monde constate son charisme, et il ne vient à l'idée de personne de remettre en cause une supériorité aussi patente qu'épatante. Même les anciens s'inclinent, conscients que le club a signé une pépite.

Dans l'équipe, quatre jeunes débarquent : Bernard Gardon, Gilles Rampillon, Claude Arribas (le fils du *coach*) et moi. Le courant passe vite entre Henri et moi, d'autant que je suis titularisé d'emblée dans le groupe professionnel. Or, en déplacement, nous sommes deux par chambre, et Henri partage la sienne avec moi. Nous serons voisins de nombreuses années, jusqu'à ce que le club accepte de payer quelques chambres individuelles. Même si nous nous sommes toujours merveilleusement entendus, c'est l'occasion de mettre fin à une incompatibilité structurelle : Henri se réveille très tôt ; moi, le plus tard possible. Pour « ne plus [m]'emmerder » selon ses termes fleuris mais justes, Henri opte pour une chambre solo.

Notre complicité ne se nourrit pas que des longs moments passés loin de chez nous. Elle s'appuie sur la conception du football que nous partageons, celle d'un sport fondé sur deux piliers : privilégier le résultat collectif à la brillance individuelle ; et respecter le maillot quoi qu'il arrive. Allez, avouons ce qui se cache derrière ce second pilier ! Avec Henri, nous avons partagé des noubas pas piquées des hannetons. Seulement, le lendemain matin, nous étions au taquet. Parfois une ruche dans la tête et une enclume sous la nuque, mais au taquet.

Au reste, cette exigence était un peu asymétrique car Henri avait une santé exceptionnelle. Il éprouvait beaucoup moins de mal que moi à donner le change ! J'étais plus long à récupérer. Néanmoins, notre inégalité naturelle ne nous empêchait pas de nous retrouver sur cette envie de profiter de la vie tout en sachant que, quand vient l'heure de se retrouver sur le terrain, les trois B s'imposent – boulot, bourre et baston.

Or, pour un jeunot qui débarque, le soutien d'une figure comme Henri était important, surtout quand il s'agissait d'affronter l'équivalent du parcours du combattant du GIGN version FC Nantes. Ça s'appelait « Vingt minutes », en référence à la durée de cette cochonnerie, ou « le Monaco », en référence au circuit urbain sinueux de Formule 1, dans la capitale de la principauté. Je n'étais pas le seul à redouter ce très pur moment de torture qui prenait place dans le parc de Procé, dans le centre-ville.

Au bas du parc, s'élève une sorte de colline où se déplie un chemin plus que vallonné. En clair, ça ne cesse de monter et de descendre. Quand nous arrivions là-bas, personne ne joue les fiers-à-bras. Après un gros échauffement, Jean-Claude Suaudeau, l'entraîneur adjoint, se met devant le groupe, et c'est parti pour mille deux cents secondes pendant lesquelles il faut sprinter à fond dans toutes les côtes, aussi longues soient-elles, et récupérer sans traîner dans les descentes, toujours trop courtes. Pour Henri, aucun souci. Il est souvent suivi par Jean-Claude Osman, Roger Lemerre et par ce cavaleur de Jean-Michel Fouché – un gardien comme moi, pourtant !

Moi, lorsque je débaroule à dix-sept ans au milieu de ces phénomènes, j'explose après cinq minutes. Côté cardio, je ne m'entraînais jamais. Avec Christian Fétis, ma préparation, au demeurant sommaire, était davantage axée sur la technique, la tactique et les réflexes. Inconscient, j'essaye de tenir au maximum, suivant les instructions de José Arribas. Ce maximum est ridiculement restreint. En moins de dix minutes, je me retrouve largué, le cœur au bord des lèvres, les muscles en surchauffe et le cerveau en sang. Deux jours après, j'ai toujours les jambes en béton et le souffle court à la seule idée qu'il faut retourner m'entraîner. J'ai besoin de deux grosses années avant d'être au niveau exigé par ce fractionné démoniaque. Pendant ce laps de temps, Henri m'encourage… et c'est lui qui lance la ola, le jour où je termine à une quinzaine de secondes des *finishers* du Monaco, autant dire quasi au contact pour le tortillard que j'étais !

Je retrouve ces sensations horribles quand nous partons en stage à La Baule, pendant la trêve de Noël. Nous avons rendez-vous près de la piscine, dans les vestiaires de la salle de sport où nous nous mettons en tenue. Ensuite, nous prenons l'allée cavalière en marchant, et nous gagnons la forêt où nous associons *footing*, accélérations et préparation physique générale (gainages, abdos, travail spécifique de certains muscles…). La séance terminée, nous sommes censés rentrer en marchant pour récupérer. C'est compter sans les cavaleurs du groupe qui se remettent à courir, lançant la double course : celle qui vise à obtenir la première place et celle qui consiste à ne pas glaner la dernière.

Je me souviens d'avoir maudit Fabrice Poullain tant ce fou, une fois mis en route, était capable d'imposer des allures de malade qu'il augmentait l'air de rien jusqu'à dévaler les hectomètres comme s'il avait eu un moteur dans le ventre pour turbiner ses guiboles. À ses trousses, les meilleurs, ceux qui tiennent 3500 voire 3800 mètres au test de Cooper, filent se disputer leur trophée virtuel tandis que les plus lents se dépouillent pour ne pas se couvrir de honte en fermant la marche à l'arrivée.

Oui, même les adultes restent parfois de grands enfants…

34.
Le reste à vivre

Avec Henri Michel, notre amitié associe affinités professionnelles et partages privés.

Une année, nous nous retrouvons par hasard en vacances sur la Côte-d'Azur, avec femmes et enfants. Mon fils Reynald a le même âge que sa fille Caroline, devenue depuis une brillante journaliste. Plusieurs étés, nous décidons de profiter ensemble de la trêve estivale. Au boulot ou dans le reste de nos vraies vies, Henri agit avec moi en bon collègue et en ami fidèle.

Au club, il me défend quand j'ai des coups de moins bien. Quand je reviens à Nantes après mon opération du genou, c'est lui qui, symboliquement, vient me chercher à la gare alors que tous les gens censément bien informés ont annoncé que, à l'instar de Robert Budzynski, je suis fini pour le football. Il ne feint pas d'être enjoué pour autant. Il sait que je vais ramer. Cependant, il m'encourage, m'affirme que l'entraîneur est certain que mon genou va s'habituer (pieux et agréable mensonge)… Bref, il me remonte le moral non en usant d'une insouciance hors de propos mais en m'offrant sa présence réconfortante qui témoigne de sa capacité de capitaine à galvaniser ses joueurs.

D'autres coups du sort confirment la solidité de l'affection d'Henri à mon endroit. En effet, en 1977, je vis un drame. Après une fin de grossesse très compliquée, ma femme donne naissance à notre deuxième enfant, Élodie. Quinze jours plus tard, en donnant le biberon à ce bout de chou, je m'aperçois que sa pupille forme comme une goutte d'eau. Je fonce chez le pédiatre. Le diagnostic est sans appel : Élodie ne voit pas de cet œil. Comme je lui confie que le petit poupon a d'autres soucis, tels que des difficultés de déglutition, le spécialiste nous conseille de solliciter en urgence une consultation au CHU pour qu'Élodie bénéficie d'un examen plus approfondi.

Là-bas, j'apprends que ma fille a une malformation au niveau des pieds et, plus grave, au niveau du cœur. Les soignants décident de la garder en observation. La chef de service me prépare à d'autres mauvaises nouvelles. Elle m'explique que, si la fin de la grossesse a été si difficile, c'est que le corps de mon épouse ne voulait pas le garder le bébé. En traitant la mère avec force piqûres, ses collègues ont permis au nourrisson de naître, ce qui est beau ; mais les handicaps qui poussaient le corps à rejeter le bébé n'ont évidemment pas disparu pour autant.

Advient ce qui était à craindre : la situation d'Élodie se détériore brusquement. Mon bébé est placé sous assistance respiratoire. Un électro-encéphalogramme est pratiqué. Il est plat. Nous sommes avertis que, si notre enfant se réveille, elle aura des conséquences neurologiques graves et irrémédiables. À la demande des médecins, ma femme et moi réfléchissons et nous accordons sur l'idée que nous ne voulons pas d'acharnement thérapeutique.

Dit comme ça, c'est presque anodin. En réalité, ce qui se joue sur le moment pour moi s'exprimerait mieux ainsi : si la situation s'aggrave encore, si une issue positive s'éloigne, si ma fille ne souffre pas, je demande à ce qu'on la laisse partir. En termes encore plus crus, si seule une machine peut maintenir Élodie en vie, j'accepte que ma fille meure. Aussi sensée nous semble-t-elle, la décision est déchirante.

Ma fille succombe quinze jours après. Les médecins nous promettent qu'elle n'a jamais souffert. Nous essayons d'y trouver une once de réconfort. Nous n'y parvenons pas pleinement.

En théorie, nous avons eu quelques semaines pour nous préparer à l'idée que nous risquions d'être bientôt séparés de celle que nous avions attendue neuf mois durant. Néanmoins, soyons sérieux, qu'est-ce que ça veut dire, « se préparer à la mort de son enfant », une gamine innocente qui ne demandait qu'à vivre, fût-ce en restant handicapée ? Quel maudit sens peut avoir le projet de « se préparer » à ne plus voir la chair de sa chair, à confier un nourrisson à un cercueil et à laisser disparaître un bébé sous terre ?

Si quelqu'un pense avoir la réponse, je ne veux surtout pas qu'il m'explique. Ou il est très con, ou il mérite mon poing dans sa gueule.

Probablement les deux.

La mort d'Élodie me dévaste plus que je ne l'avais anticipé. Ce n'est pas spectaculaire, c'est personnel, c'est intérieur, c'est viscéral. J'ai pris plus qu'un fracas sur la soupière.

Henri débarque pour me soutenir. On discute. Le club m'octroie une semaine de *break*. Je veux partir le plus loin possible. Oublier un peu. Non pas oublier Élodie mais oublier sa vie douloureuse, oublier son destin tragique, oublier la mort, la mort, toujours recommencée, toujours injuste, toujours dégueulasse, oublier que nous allons mourir et que, tôt ou tard, aucun professeur de médecine n'y pourra rien, oublier que la vie est absurde donc que nos petites et grandes joies ne sont que des écrans de fumée agréables mais lâches visant à occulter cette fin qui, à tout moment, peut nous saisir, nous tordre et nous éteindre définitivement. Je veux à la fois dire à Élodie que je l'aime, qu'elle sera toujours ma fille bien-aimée, et que j'aimerais néanmoins retrouver un zest de légèreté indispensable pour vivre ce qu'il me reste à vivre.

Ma femme de l'époque met le holà. Partir loin ? Pas question. Elle ne veut pas prendre l'avion. En réalité, elle ne veut pas trop bouger. Elle ne veut même pas bouger du tout. Tant pis pour elle, Henri m'annonce :

– J'ai téléphoné à Alain, il t'attend.

Alain Cattaneo est un ami d'Aix-en-Provence, la terre d'origine d'Henri. Il est célèbre dans la ville car il possède notamment la prestigieuse brasserie Le Grillon, une institution locale sise sur le cour Mirabeau. Ravi de revoir Alain, je prends le premier avion. À l'aéroport de Marseille, notre ami m'attend pour m'amener chez lui, dans sa belle demeure de Puyricard. Il me reçoit comme un prince, me prête une voiture pour que je me balade, que je respire, que je m'apaise et que je retrouve ma sérénité. Alain est décédé depuis, mais sa mort n'éteint pas l'éternelle reconnaissance que j'ai pour lui et qui durera ce que je durerai.

35.
L'étincelle de joie

Avec Henri Michel, nous avons d'abord été collègues avant d'être amis. Si bien que, quand Henri quitte le club, en 1982, nous craignons tous deux que notre amitié ne s'effiloche à mesure que le temps nous éloigne !

Le jeudi 28 janvier, en fin de journée, mon ami m'appelle et me dit que, quittant définitivement Nantes pour aller entraîner l'équipe de France olympique (qui remportera la médaille d'or deux ans plus tard), il aurait aimé manger une dernière fois un bout avec le « Grand », comme il m'appelait. Rendez-vous est pris pour le soir, dans notre salle préférée, chez Hubert et Alice, à La Boule d'or, notre cantine à Temple-de-Bretagne.

Pour Henri, j'accepte de faire une entorse – la seule de toute ma carrière – à ma règle d'or : pas de sortie deux jours avant un match, même pour aller manger des pâtes et boire de l'eau. (Que les pères-la-morale se rassurent! Malgré mon incartade, nous avons gagné 2-0, Thierry Tusseau et Fabrice Picot se chargeant de faire vibrer les filets de Michel Ettorre en début puis en fin de seconde mi-temps.)

Je me souviens de La Boule d'or comme si notre dernière visite datait d'hier et non de quarante ans : le bar à droite, le restaurant à gauche et, au fond, la toute petite salle où Henri et moi pouvons manger tranquillement, à l'abri des *fans* trop pressants ou des beaux lourdauds qu'étaient parfois certains routiers en verve… La petite salle donne sur les cuisines où sévit Hubert, un familier sinon un ami, qui vient régulièrement à travers la porte battante s'assurer que nous ne manquons de rien.

Ce soir-là, Henri et moi restons à deviser jusqu'à deux ou trois heures du matin. Il me confie ses doutes et son regret de quitter Nantes, une ville et un club qu'il aime profondément, au point d'avoir refusé de nombreuses propositions trrrès alléchantes. Je sais qu'il a renoncé au pont d'or que lui offrait l'Olympique de Marseille, sous la férule de son président Fernand Méric, un exploitant de cinémas passé maître du Vélodrome de 1974 à 1977. Ç'aurait sans doute été une catastrophe pour lui, car il se serait retrouvé à proximité de sa chère ville d'Aix-en-Provence où ce fêtard invétéré avait de longue date des habitudes nocturnes échevelées !

Ce soir-là, entre grandes espérances, nouveau défi et nostalgie intense, il m'apprend que le statut de capitaine – sa chasse gardée et incontestée ! – va me revenir. En conséquence, il me supplie de continuer à défendre nos valeurs, une notion qui, pour lui, était essentielle au sport. L'instant est solennel. Pourtant, nous savons que nous nous reverrons. Notre amitié ne peut se dissoudre par le seul fait que nous ne travaillerons plus ensemble. Ce serait invraisemblable.

Nous avons raison d'être aussi sceptiques qu'émus. Au long des années suivantes, nous nous croiserons notamment à Paris, où nous déjeunerons souvent aux Trois Obus, dans le seizième arrondissement ; et, comme Franck, le fils auprès duquel Henri n'a pas toujours été très présent, reste installé à Nantes, il se rapprochera de mon fils Mathieu qui, aujourd'hui encore, continue de l'apprécier et de le fréquenter.

Pour clore ces quelques pages autour de la grande figure du football nantais, je veux me souvenir de ce jour d'hiver, au premier trimestre 2018, où Henri m'appelle pour me proposer de manger ensemble. J'ai beau m'être préparé à le voir amoindri, je suis choqué de le voir aussi amoché par la maladie. À l'évidence, le cancer ne le grignote plus cellule après cellule : il le dévore à vitesse grand V. Je sais que Henri a brûlé la chandelle par les deux bouts, mais cela n'enlève rien à ma tristesse quand s'insinue en moi l'intuition que c'est la dernière fois que nous nous voyons. Sa santé de feu a fini par rendre les armes. Il décèdera quelques semaines plus tard.

De lui, plutôt que l'image qu'en donne la statue de Mauro Corda, où je ne reconnais guère mon ami (le côté clinquant des feuilles d'or qui recouvrent sa silhouette en action, si peu en accord avec sa personnalité anti-bling bling, achève de me laisser sceptique...), je garde l'image d'un joueur et d'un homme virevoltant, d'une classe phénoménale – comme disent certains commentateurs à court d'épithète : d'une classe superlative. Aujourd'hui, il jouerait à Real Madrid, un peu comme l'insaisissable Luka Modrić, ou dans un grand club anglais, pas à Nantes ; et, dans ces machines de guerre galactiques, malgré lui, son talent éclipserait celui de ses coéquipiers !

Autant dire qu'ils peuvent toujours se gratter, les polémistes sournois qui ont essayé de nous opposer en comptant et recomptant nos matchs sous le maillot nantais d'un air sournois. Clarifions les choses une bonne fois pour toutes. Henri et moi avons disputé le même nombre de matchs en championnat, 532 ; en incluant championnats de France, coupes de France et coupes d'Europe, je le dépasse puisque j'émarge à 650 matchs, contre 638 pour lui. Évoquer ces querelles de chiffres me fait sourire car nous nous chambrions régulièrement sur le sujet.

Parfois, je m'étonne encore (enfin, je prends plaisir à m'étonner) que ce génie du football ait eu la délicatesse de ne jamais me remettre à ma juste place en rétorquant que, avec ses cinquante-huit sélections en équipe de France, ses expériences d'entraîneur et son aura extraordinaire auprès des *supporters* en général et des femmes en particulier, ma supériorité nantaise était négligeable. Il aurait eu fichtrement raison ! Sauf que Henri était moins soucieux d'avoir raison que de vivre à 200 %, entre sport, amitié, festivités et étincelles de joie inoubliables. C'est sans doute sa capacité à susciter des étincelles de joie qui fait encore briller les yeux de ses *fans* et brûler le cœur de ses amis dès que les uns ou les autres pensent, un instant ou le temps de trois chapitres, à cette étoile éternellement accrochée au zénith du ciel nantais.

36.
La végétation du fauteuil

En 2010, il est loin, pour moi, le temps des vingt minutes affreuses vécues au parc de Procé !

Éprouvé par les traitements, les effets secondaires et le manque d'appétit qui les couronne, je n'ai plus grand-chose en commun avec le jeune fouteux d'antan. Mon corps ne vieillit plus : il change. Mon visage s'émacie. Mes cheveux tombent. Je me dégrade. Ça ne m'inquiète pas. Après la première chimiothérapie, ma fière crinière était toujours fringante, et je n'étais pas moins fier qu'elle. À cette brève époque, je portais encore beau, envers et contre les saloperies que l'on m'injectait. Las, en matière d'oncologie, les miracles sont souvent éphémères. La science est dure, mais c'est la science.

Dès la deuxième chimio, sur mon crâne, ça commence à dégringoler par plaques. À La Baule, je prends ma décision. J'appelle Anne, la fille d'une amie qui a un petit chien. Je demande à la gamine (aujourd'hui, elle a la cinquantaine, mais je l'ai connue quand elle avait dix-huit ans, ce sera donc éternellement une gamine à mes yeux) :

– Stanley, c'est toi qui lui ratiboises les poils ?

Elle confirme.

– Alors amène ta tondeuse la prochaine fois que tu passes à la maison, lui dis-je. J'ai une mission pour toi : tu vas m'aérer le crâne !

Anne débarque rapidement et dégaine son outil sur le ton de la plaisanterie. Quelques grésillements plus tard, me voici la boule à zéro. La séance se passe dans la rigolade. À l'arrivée, j'ai pris un coup de vieux ? Bah, c'est le cadet de mes soucis. Garder ma dignité en dépit du traitement me paraît plus important. Le reste m'est égal… pour le moment !

Surtout que j'ai conscience que c'est moins traumatisant, pour un homme, d'accepter de ressembler à Monsieur Propre, que, pour une femme, d'abandonner sa crinière. Je pense en particulier à une de mes petites-nièces qui souffrait d'un cancer dont elle est décédée en 2021. Je me souviens de son chagrin, quand la chimio avait sévi, à l'idée du choix qui s'imposait à elle : mettre un foulard ou coiffer une perruque. Comment rester femme, donc vivante, quand l'un des attributs culturellement consubstantiels au beau sexe devient inaccessible ?

Pour les hommes, la question est moins troublante. Depuis que les jeunes se sont mis à se raser pour masquer leur calvitie, être chauve n'est plus un stigmate social. Quand je sors avec ma boule luisante, je mets un bonnet si j'ai froid, pas parce que j'ai honte. Je m'en tiens aux préceptes de David Servan-Schreiber, mon grand gourou dans ce domaine. Je me retrouve complètement dans ce qu'il décrit. Il martèle dans ses ouvrages qu'il ne faut pas s'enfermer dans la maladie, qu'il faut se donner des projets (on y viendra…) et qu'il faut sortir sans peur, sans gêne, comme on est. Son incitation à s'affirmer et à continuer à vivre m'a aidé infiniment.

Pourtant, je me vois dans le miroir. Mes pantalons sont devenus trop larges ; je n'ai plus vraiment une bonne tête ; pas besoin d'être grand clerc pour subodorer que je ne respire pas la santé ; *so what* ? Un médecin qui est passé par ce que je subis dit qu'il faut sortir de chez soi comme on est, donc je vais sortir de chez moi comme je suis.

J'ai toujours eu confiance dans les conseils venant de personnes compétentes. Mes entraîneurs. Mes *coachs.* Mes médecins. Je ne vais pas changer maintenant que je bataille pour sauver ma vie. Il est hors de question que je reste confiné dans la maladie. La maladie, ce n'est pas moi. Elle m'affecte, elle m'abîme, elle me défigure, elle me défie, soit. Mais ELLE N'EST PAS MOI. Elle est mon adversaire. Sacrée nuance, non ?

Le fait de se forcer à sortir, de réussir à bouger, d'aller au restau quitte à avaler à peu près rien, cela représente aussi des astuces pour combattre la maladie avec la même volonté que quand je subis la chimio. J'essaye de me battre et de le faire sans stress, selon les préceptes de DSS. À ce sujet, une anecdote.

Dans le second livre de l'expert, un passage m'a bouleversé : celui où il explique qu'il a oublié les préceptes édictés dans son premier *opus.* Dès qu'il a été en rémission complète, il a recommencé sa vie trépidante de conférencier mondial pour renouer avec sa vie d'avant... et il a rechuté. Rien n'indique que sa rechute est liée à la trépidance retrouvée, mais ma décision est prise :

- je ne me taperai plus 50 000 kilomètres en bagnole par an ;
- je ne me lèverai plus TOUS LES JOURS à sept heures du matin ; et
- le *sprint* de fin d'année pour boucler les dossiers de défiscalisation, c'est terminé pour moi.

Ainsi cadré, prêt à inventer ma vie de patient guéri, je me bats bec et ongles. Au cœur de mon combat est la nourriture car je sais que, en dessous d'un certain seuil de globules blancs que, par bonheur, j'ai oublié au moment où j'écris ces lignes, les médecins sont contraints d'arrêter le traitement. Pour moi, hors de question. La seule manière que j'ai d'éviter cette décision risquant de me faire mourir, c'est de me nourrir.

Donc, tous les jours, j'essaye de passer outre le goût dégueulasse qui envahit mon palais ; et, toutes les nuits, je m'oblige à connecter l'horrible poche avec mon bide. Parfois, en dormant, je bouge malgré moi, et la poche se désolidarise de la sonde. Résultat, elle répand son hideux contenu sur les draps. Je tapote Mimi et lui marmonne qu'il y a du dégât. Elle marmonne :

– Bon, va te laver, on va arranger ça.

Je m'extrais du lit et me traîne jusqu'à la salle de bains. Sans ronchochonner, Mimi change les draps pendant que je végète dans un fauteuil.

Je me souviens d'une nuit où, quand je me réinstalle dans un lit frais, elle me regarde avec de grands yeux. Je fronce les sourcils et demande :

– Ben quoi ?

– La poche, elle est où ?

– Ça va, t'as vu ce qu'elle a fait, je veux pas que ça recommence...

Elle secoue la tête, la mine éberluée, va chercher la poche et la rebranche. J'espérais être libéré pendant quelques heures. Raté ! À la maison, c'est ma femme qui décide, et elle n'a qu'un objectif : que je continue à me nourrir, afin que je garde un nombre suffisant de plaquettes pour aller au bout du traitement.

Rebranché, je finis par sombrer à nouveau dans le sommeil. Je suis sûr que Mimi, elle, reste éveillée de longues demi-heures afin de vérifier si la poche a bel et bien repris son travail. Ce genre de veille ne définit sans doute pas l'amour dans les dictionnaires ; et pourtant, c'en est une sacrée preuve. Pas la plus poétique, soit, mais l'une des plus émouvantes que je connaisse.

37.
Le cours normal

Mimi, je l'ai rencontrée par hasard, comme l'on rencontre les vraies amours, j'espère. Pour expliquer le croisement de nos parallèles, je dois remonter un brin en amont du coup de foudre.

Un jour, Bernard, le propriétaire d'une grosse boîte de nuit a l'idée de monter en complément un piano-bar en plein cœur de Nantes. Le capital nécessaire est important, donc il monte un tour de table avec cinquante relations – des amis à lui, des relations au second degré et des notables locaux, médecins, chefs d'entreprise, avocats, industriels, etc. Au milieu de ces associés, il y a moi, le beau biaù. Le type me contacte car, d'une part, il sait que je suis plutôt tranquille niveau finances et, d'autre part, je le connais vaguement, suite à quelques soirées mémorables passées dans sa boîte avec Henri Michel – *enough said.*

Bernard me convainc de mettre au pot – comme quarante-neuf autre zozos – vingt mille francs, le prix d'une part. L'affaire est conviviale et joyeuse, je rejoins la bande. Las, ça capote rapidement, car le bruit a couru que cinquante « bourgeois » sont derrière le bar appelé *Le cinquante,* la rumeur en déduisant qu'il s'agit d'un club privé.

Les quelques temps que le lieu reste ouvert, nous nous retrouvons – entre associés, faute de clients ! – le samedi soir, sur les coups de dix-neuf heures, pour prendre l'apéro avant d'aller manger. Nous sommes une quinzaine d'habitués ; et, un soir de 1988, stupeur, débarque une femme.

Non, pas une femme : LA femme.

Je la revois arriver à contre-jour. Dans l'instant, impossible de distinguer son visage. Seule une silhouette se découpe. La silhouette s'approche et explique qu'elle est l'épouse de Patrick, un industriel qui fait partie des associés. Comme souvent, il a dû s'absenter pour ses affaires, et il se trouve que, lassée, elle n'avait pas l'intention de passer une soirée de plus à jouer les Pénélope.

Instantanément, je tombe sous son charme, et je m'en veux de ne pas être plus fringant. En effet, je me suis rompu le talon d'Achille lors d'un match et, depuis un an, enquillant une série de tuiles *featuring* un staphylocoque doré, j'ai la cheville dans le plâtre. Qu'à cela ne tienne, je me lance dans une opération séduction qui va durer six mois.

En sport ou en amour, je suis intraitable. Mimi m'a happé, je la poursuis donc de mes attentions. Je la poursuis selon les règles tacites de la galanterie, mais je la poursuis SÉVÈREMENT. Je n'ai jamais jappé en pensant que je jappais en vain. Par conséquent, je l'appelle. Je la complimente comme c'est pas permis mais comme je le pense. Madame est institutrice ? Qu'à cela ne tienne ! J'envoie des bouquets de fleurs à l'école où elle exerce. En somme, je fais ma cour, je m'obstine, je progresse, et ce qui doit arriver finit par se produire.

Bah, quand même, saperlipopette.

Je l'aime, elle m'aime, le monde est presque beau. À un double détail près : j'ai une épouse qui n'est pas elle, et elle a un mari qui n'est pas moi. La situation nous pèse. Un jour de juin 1990, nous nous résolvons à prendre le taureau par les cornes, et annonçons à nos proches que nous nous installons ensemble. Ainsi qu'il était prévisible, cette petite révolution suscite son lot de tensions et de dégâts collatéraux. Cependant, le temps fait son œuvre et, s'il ne cautérise pas complètement toutes les blessures causées par les mutations de la vie, il apaise souvent les plus vives et nous offre parfois de belles réconciliations.

Ainsi, Karine, la fille de Mimi, a toujours gardé un lien avec sa mère mais ne souhaitait pas me rencontrer. Or, un jour, tout s'est dénoué. Mimi a demandé à Karine de lui ramasser des pignes en vue d'une activité qu'elle programmait pour ses élèves. Karine a proposé de les lui apporter après ses cours à l'école de notariat, sachant pertinemment qu'il y aurait alors un risque de me croiser.

Ça n'a pas loupé. Quand Karine sonne, munie de son sac de pignes, c'est moi qui ouvre. Nous nous regardons, interloqués, puis je lance :

– Du coup, on fait quoi ? On s'tape dessus ou on s'embrasse ?

On s'est embrassés.

On a eu raison.

Quelques années plus tard, Karine est devenue l'un des piliers précieux dans ma lutte contre le cancer. Pilier pour moi, car sa présence bienveillante, attentive et régulière, me réchauffait le cœur quand en dedans j'avais si froid ; pilier pour sa mère, car Mimi avait beau jouer les femmes fortes, toniques et optimistes en ma présence, dans le secret, en mon absence, elle a beaucoup pleuré avant de se muer en combattante et d'apprendre à profiter des bonnes nouvelles – telle l'absence de métastases et l'évolution encourageante de la tumeur.

Alors, non, ce livre ne recèle aucune flèche assassine, ne règle aucun compte avec personne ni ne ressasse de tristesse. En revanche, je ne peux m'empêcher de le parsemer de mots de reconnaissance pour les proches qui m'ont tant aidé, en incitant peut-être – tant pis si ça paraît niaiseux ! – ceux qui s'en sentiront le cœur de profiter de leur passage sur cette bonne vieille Terre pour dire simplement aux gens qu'ils aiment qu'ils les aiment et qu'ils les remercient de leur amour.

Et maintenant, tournons une page sans publicité avant de reprendre le cours normal de notre émotion.

38.
Le frétillement du gardon

Ma vie est suspendue.

La première chimiothérapie a été relativement paisible. Je découvre la joie d'être perfusé en permanence pendant cinq jours. Des infirmiers changent régulièrement les poches que mon corps ingurgite. Le goût de mercure commence à prendre possession de moi, mais c'est supportable. J'ai deux semaines de répit, pendant lesquelles montent les nausées. Rien d'insurmontable jusque-là, surtout à l'aune de mon désir de remporter le match contre le cancer.

Je reviens donc pour la deuxième cure. Les choses se compliquent sérieusement. Je n'ai plus de nausée, j'ai juste envie de dégueuler. Le plus important : je ne suis pas encore épuisé. Ma combattivité est intacte. J'ai décidé que j'allais guérir ? Je vais guérir. Même si, inutile de mentir, j'entrevois à quel point je vais déguster. Sérieusement, on peut toujours dire que l'on est prêt à tout afin d'écraser la maladie, quand l'addition se met à monter, il faut être bien ancré pour rester désireux de se battre.

Cela passe par une chimio aux effets presque aussi dévastateurs que salvateurs. Cela passe aussi – lecture à haute dose des livres de David Servan Schreiber oblige – par les alicaments, ces aliments réputés être aussi des adjuvants efficaces contre la maladie, presque comme des médicaments. Par exemple, j'ai bouffé du curcuma à toutes les sauces, yaourt compris ! Tout est l'occasion de lutter. À aucun moment, je ne me pose devant la fenêtre pour regarder fleurir le splendide cerisier japonais qui magnifie notre jardin et, voyant des pétales voler au vent, me dire : « Bah, nous sommes si insignifiants, autant fermer les yeux et arrêter là cette comédie. »

Jamais.

Je me bats contre moi-même. Je continue d'aller au restaurant avec des amis même si la vérité est qu'il n'y a plus une goutte d'essence dans mon moteur. Je ne suis plus un corps, je suis la fatigue, mais je ne rends pas les armes. Tous les deux-trois jours, pendant une demi-heure, j'enfile un cuissard de cycliste, et je m'obstine à faire du *hometrainer*. Pas de quoi frimer dans un club de *fitness* avec short en Lycra et débardeur fluo à larges mailles : je me contente de tourner les jambes très doucement, ce qui me coûte un effort dingue.

Je m'y astreins car je me suis persuadé que ça aide la chimiothérapie à circuler, dans la mesure où ça active la circulation sanguine. Pour compléter les réjouissances, je m'allonge dans ma salle de gym je relève la tête et je fais de modestes séries d'abdominaux. Au plafond, je repère une encoche. Je l'identifie à mon cancer et, en serrant les dents tandis que mes muscles se contractent et que j'agonise, je l'agonis d'injures.

D'où ce conseil que je me permets de donner à certains cancéreux avec qui j'échange : ne cédez pas entièrement à la fatigue. Tenez-lui la dragée haute. Profitez d'une baisse de vigilance de sa part pour vous faire la belle. Essayez de sortir, d'aller acheter votre pain, de parler une minute avec la boulangère. Ça ne sera pas forcément facile, mais ça va vous ragaillardir, je vous le garantis.

Vous allez retrouver un petit semblant de peps, de force, d'envie pour continuer le combat et ne rien lâcher, en aucun cas, à aucun moment. On ne peut pas être au taquet autant et aussi souvent qu'on le souhaiterait ; néanmoins, cette réalité ne doit pas nous inciter à lâcher toute espérance. Si on lâche, on est mort.

Cette incitation n'est pas un jugement, évidemment. Je connais, je comprends, j'ai vécu l'épuisement. Je sais qu'il peut entraver, étouffer, noyer. Je sais que, souvent, l'idée de sortir paraît aussi accessible que celle d'aller sur la Lune en sautant sur un trampoline. Et je sais que chaque patient se bat du mieux qu'il peut. Si, aujourd'hui, j'ai l'air de me donner le beau rôle, je n'ai pas toujours frétillé comme un gardon. Il se trouve que, à l'époque où j'étais fracassé par la chimio et le cancer, dans mon malheur, j'ai eu une chance extraordinaire : j'ai bien réagi au traitement. Ça, ce n'est dû ni à ma volonté de résister, ni à mon passé de sportif… ni à rien que l'on connaisse, en vérité. Ma volonté de me dépouiller malgré la fatigue n'a pu qu'ajouter un petit plus à ma chance mais, dans mon état, un petit plus n'était pas de refus.

Les médecins m'ont expliqué que la réussite d'une cure est un mystère. Elle n'a guère à voir avec la solidité physique des malades, et pas grand-chose à voir avec la nature du cancer. Avec un même type de tumeur, un patient X se dirigera vers une rémission, et un patient Y vers la mort. Les meilleurs spécialistes ignorent pourquoi. Ce nonobstant, sans jouer au sachant ou au donneur de leçons, je veux apporter mon expérience et glisser à mon tour un mot d'encouragement, afin que ceux qui sont atteints de la même maladie que j'ai connue en soient convaincus : même quand c'est très dur, s'obliger à sortir – ce qui suppose de se préparer à affronter le regard inquiet, dégoûté ou trop compatissant des autres humains que l'on va croiser – peut être utile pour ne pas se laisser aspirer dans les sables mouvants de la maladie.

Comme chante Jacques Higelin dans « Champagne » : voilà mon message.

39.
Les oiseaux de passage

Ne rien lâcher, ne pas se laisser endormir par la maladie, prendre le risque de voir l'avenir plus beau : je m'y attache avec conviction, quitte à me défier moi-même.

Ainsi, pour la Noël 2010, je décide de passer le réveillon à Lyon, chez Christine, la sœur du mari de Karine, et son mari Philippe. C'est bien sûr exclu car je sors de six chimiothérapies. Qu'importe, Mimi me soutient, à une condition : que je continue de me nourrir. J'accepte les conditions générales d'utilisation, et nous partons donc fêter la naissance de Jésus dans la capitale des Gaules. Quand j'arrive à l'hôtel, place Bellecour, les poches et le pied à perfusion sont là. Je suis impressionné. Si l'on veut sauver la France, une suggestion : engagez Mimi comme logisticienne !

Le soir du réveillon, Christine a invité un couple d'amis. Ils viennent avec Alexandre, leur fils d'une douzaine d'années, et c'est pour moi une chance de premier ordre. Alexandre est atteint de la maladie de Charcot, la fameuse « sclérose latérale amyotrophique », une maladie neurodégénérative qui compte parmi les plus belles saloperies que le hasard réserve à un homme sur trois cent cinquante et à une femme sur quatre cents.

Le garçon est cloué dans un fauteuil, d'où il a noué une relation très forte avec le golden retriever qui l'accompagne ; et, aussi absurde que cela puisse sembler, il rayonne. Il est positif. Il croque la vie autant que sa situation le lui permet… voire davantage. Je ne sais pas s'il a compris qu'il est condamné et que la seule espérance des médecins est de retarder la prochaine crise de dégénérescence – tu parles d'une espérance.

Pour moi qui m'estimais dans un sale état, voir qu'un gamin aussi lourdement handicapé et frappé d'un diagnostic aussi implacable est heureux, présent à l'instant, rigolo et – je n'ai pas peur du mot – pétillant, c'est mieux qu'une bouffée d'oxygène. C'est une inspiration directement prélevée à l'atmosphère de l'Himalaya. C'est une droite au plexus de mon épuisement. Ce gamin me donne l'impression de planer à mille mètres au-dessus de nos comportements médiocres. La maladie le grignote, le menace, le bouffera, et alors ? L'expression *carpe diem* a dû être inventée pour lui plutôt que pour le cercle des poètes disparus.

Alexandre jubile, il rit, il jouit du moment et m'évoque ces « oiseaux de passage » dont Jean Richepin, chanté par Georges Brassens, explique que,

> loin des esclavages,
> l'air qu'ils boivent feraient éclater [n]os poumons.

Nous discutons ensemble, et cela n'a rien d'une de ces lénifiantes « leçons de vie » que nous chantent les sous-bouddhistes allant vendre leurs livres de développement personnel sur les plateaux de télévision. Alexandre ne m'apprend rien, tel n'est pas son propos. Il fait mieux : il me montre. Il m'ébahit. Il est décédé quelques années plus tard, mais le souvenir du choc que j'ai éprouvé cette Noël 2010 n'est pas près de s'estomper.

Il fait partie de ces victimes d'injustices profondes qui me rendront à jamais incompatible avec le moindre début de foi en Dieu. Il alimente ma révolte qu'a également nourrie la vision de ces enfants au crâne chauve aperçus au centre Gauducheau. Au reste, je veux raconter ici le tsunami qui m'a frappé quand j'ai découvert cette réalité poignante.

Je veux raconter le long couloir du centre, que j'emprunte un matin. Je veux raconter, à droite, la porte ouverte et ce qu'elle me dévoile : une salle pleine de joujoux pour les enfants qui attendent leur séance de radiothérapie. La vue de ces maisons colorées, de ces poupées joyeuses, de ces camions virils, de ces nounours souriants et des bouts de chou de trois ou six ans, chauves et cernés comme des châteaux-forts, qui s'occupent comme ils peuvent, me bouleverse et me bouleversera à chaque fois que je les croiserai puis que je penserai à eux.

Qu'importe si ce que je vais écrire est d'une platitude éhontée, je tiens à l'écrire : je suis espanté en pensant à ces gamins qui souffrent. Aujourd'hui encore, mon cœur se serre comme au premier jour. Les larmes me montent. Je n'aurai pas les mots pour exprimer le raz-de-marée qui m'a dévasté quand j'ai découvert une fillette mignonne comme un cœur, le crâne rasé, le visage ravagé par l'épuisement, en train de câliner une peluche en attendant qu'une machine de radiothérapie se libère. Ce genre de situation, ça ne devrait pas exister. Avec de telles scènes, la mort d'Élodie après quelques semaines sur Terre, la mort de Reynald, à 21 ans, et tous ces points finaux qui frappent tant d'histoires en plein vol nourrissent ma conviction qu'il n'y a pas de bon Dieu, il n'y a pas de mauvais Dieu, il n'y a qu'une vie, elle est ici, nous devons nous accrocher pour la vivre et prendre la lumière où elle est avant qu'elle ne s'éteigne définitivement.

Un peu plus tard, j'ai rencontré Éric, dont la sclérose s'était déclenchée plus tard. Lui aussi était cloué à son fauteuil. Quand je l'ai découvert, par un ami commun, il vivait dans une maison spécialisée et néanmoins rayonnait, lui aussi, s'efforçant de vivre des aventures *a priori* incompatibles avec son état, comme d'aller au restau et plus si affinités. Une infirmière n'a-t-elle pas quitté son mari pour vivre avec lui ? Éric était lunaire. Comme il est vivifiant pour les Terriens qui, comme moi, se sont parfois pris pour des *stars*, de se frotter à des anthropoïdes hors du commun !

Comme les petits cancéreux de Gauducheau, courageux et décidés malgré une épreuve dont ils comprennent encore moins le sens que les patients adultes, Alexandre et Éric me montrent la seule voie qui vaille pour défier la maladie. Cette voie est loin d'être toujours facile à emprunter, surtout quand on est frappé par une pathologie invalidante. C'est même souvent la voie la plus compliquée, celle qui nous paraît inaccessible, celle pour laquelle nous devons nous arracher à nous-mêmes pour espérer l'emprunter : la voie de la joie et de l'envie de vivre.

Malgré la fatigue.

Malgré la souffrance.

Malgré la peur du rien qui nous attend.

Quand tombe sur nous la nuit du découragement, il nous faut regarder le soleil en face jusqu'à nous éblouir. Lorsque me revient le souvenir d'Alexandre et de mes rencontres avec Éric, c'est un peu cette direction que je me sens encouragé à emprunter !

40.
Le coupeur de feu

9 juillet 2010.

Six semaines se sont écoulées depuis le début de la chimiothérapie. Ça y est, je déguste.

Salut à vous, nausées, vomissements et fatigue qui commence à bien me siphonner ! Soyez les bienvenus ! Même si, grâce à vous, j'en bave, je sais aussi que vous êtes les signes du combat en cours. Si mes souffrances n'étaient dues qu'à la maladie, je les encaisserais moins volontiers ; mais celles qui me fracassent, je les vois comme les combats acharnés qui préfigurent la victoire finale – laquelle me semble aussi lointaine que sûre.

Ce 9 juillet, j'ai rendez-vous avec le docteur Bardet pour une visite de contrôle. Une visite de contrôle, c'est un truc de folie. En termes fleuris, disons que l'heure est grave. Impossible de ne pas imaginer le pire – une tumeur qui n'a pas bougé ou, remettons une couche de noir, a continué de croître. Or, voici que le médecin me met sa maudite caméra dans le pif… et s'exclame :

– Putain, la tumeur ! *Wow*, putain !

Je me raidis, paniqué. Ma première pensée : « Cette garce a explosé et essaimé, y a des cellules malignes partout… » Oui, même un grand gaillard certain qu'il va guérir a ses coups de flippe, faut pas raconter la messe. Mais le spécialiste enchaîne :

– Elle a fondu de moitié, c'est dingue, Jean-Paul ! Vous réagissez hyperbien à la chimio, formidable ! Il faut continuer sur cette lancée !

Je rapporte l'info à Franck Touya. Mon copain ostéo fait des petits bonds intérieurs :

– Je te l'avais dit ! Je te l'avais bien dit !

Chaque semaine, je vais le voir depuis qu'il m'a dit qu'il pouvait m'aider à mieux faire circuler la chimio dans mon corps. Pour un ignorant comme moi, il se contente surtout de me toucher le crâne à la manière d'un coiffeur en lâchant de temps en temps :

– Ha-ha, là, je sens que ça travaille !

A-t-il contribué à faire diminuer la tumeur ? Et pourquoi pas ? Je veux le croire. Il est compétent, il ne m'a jamais demandé d'arrêter mon traitement (pas son genre), et il m'a toujours accompagné avec exigence et attention. Je lui sais gré de mes progrès au même titre que j'en sais gré à tous les soignants, allopathiques ou alternatifs, qui m'ont aidé à combattre ce qui se cachait derrière la boule.

Deux semaines plus tard, l'émotion passée, on va faire plus que continuer. Au moment où je reviens pour la troisième cure de chimiothérapie, le médecin me donne une bonne et une mauvaise nouvelles à la fois. Puisque le traitement est efficace, les doses vont être et augmentées et complétées illico par de la radiothérapie. Après quoi, on va ajouter trois cures de chimio en guise de cerise sur le gâteau, soit neuf semaines de bonheur en plus.

– Je vous préviens, ajoute Bardet, ça va être raide.

– Tant pis, dis-je.

Et je me souviens d'avoir ajouté mot pour mot :

– Mettez la sauce, docteur !

Aujourd'hui, je me souviens de deux détails de cet entretien hospitalier.

Je me souviens d'avoir vraiment employé cette expression bizarre, « mettez la sauce » ; et je me souviens que j'avais encore du répondant. J'étais capable de dialoguer avec un interlocuteur. J'ignore alors que, à partir de la cinquième chimiothérapie, ce sera au dessus de mes forces.

Ce 26 juillet, je suis *aware* et motivé par mon combat. J'ai réduit mes efforts annexes pour supporter la chimiothérapie. Je veux consacrer l'intégralité de mon énergie aux luttes

• contre le cancer,

• pour supporter les traitements, et

• pour rester *focus* sur le projet à long terme, même quand des fissures apparaissent dans la forteresse que je croyais avoir bâtie.

Si cela passe par des doses insensées et par un traitement supplémentaire, allons-y gaiement ! Pour moi, tout est important. J'essaye d'augmenter mes temps de *hometrainer*. Le constat du docteur Bardet me motive « de ouf », diraient peut-être des jeunes d'un certain âge. Peut-être la tumeur a-t-elle fondu parce que j'ai bien fait circuler la chimio et bien intimidé l'encoche-cancer de ma salle de gym. Bah, quand tu n'es pas médecin, tu te raccroches à n'importe quoi pour te convaincre que, toi aussi, à ton niveau, tu combats le cancer…

Mon euphorie d'avoir fracassé la moitié de mon adversaire va quand même être sacrément tempérée par ce qui m'attend. Je ne ressens pas encore l'effet de l'augmentation des doses, mais un autre petit bonheur me guette. J'apprends que, avant de commencer la radiothérapie, il faut m'arracher les dents du fond, qui risquent de bloquer les rayons. Il ne doit pas y avoir d'obstacle entre le rayon et la tumeur. Quatre grosses molaires sont donc condamnées et détruites par les services du CHU de Nantes.

La fête continue lors de ma première visite préparatoire au service de radiothérapie. Passant devant la bouleversante salle de jeux pour les petits malades, je progresse dans l'établissement. Au bout du couloir que j'emprunte m'attendent deux trentenaires super sympa.

Le premier rendez-vous consiste à mouler un masque. En effet, la radiothérapie, c'est un peu comme un scanner ou un IRM : on est allongé sur une table, on entre dans un tunnel et on ne doit pas bouger. D'où le masque grillagé que l'on te concocte et qui est attaché à la table quand tu as ta séance. Le masque est vissé. Pas question de ciller. Soyons concret : plus moyen de se gratter le nez. Et, s'il y a le feu au bâtiment, reste à espérer que quelqu'un te dévissera à temps ; sinon, ciao la compagnie !

Quand on est fixé, le chariot avance dans le tunnel. La machine tourne et émet un drôle de bruit continu. Pendant une vingtaine de minutes, tu es immobile, bercé par un étrange bourdonnement. Sur le moment, je ne sens rien. Après, j'ai l'impression que chaque séance accentue ma fatigue et renforce le goût de mercure qui m'empoisse la bouche. Pour le reste, l'opération est inconfortable mais indolore.

Cependant, cette absence de douleur est une arnaque. En vrai, pendant que tu pourrais croire qu'il se passe queudchi, les rayons te brûlent.

Par chance, grâce à son amie Florence, Mimi dégote à côté de Vannes un radiesthésiste coupeur de feu. Que les grands esprits rationalistes se le tiennent pour dit : j'ai été cloqué, mais je n'ai quasiment rien ressenti malgré les brûlures. Même les médecins n'en revenaient pas. D'autres patients portaient des cloques suintantes qu'ils tentaient d'apaiser sous des serviettes ; j'ai été épargné. Chance de ma nature ou efficacité de la radiesthésie, peu me chaut. À mes yeux, seul compte le résultat ; et, moi qui chante les louanges de la médecine allopathique à qui je dois d'être encore en vie, je rends volontiers grâces au guérisseur de ses bons soins qui, je l'ai constaté, m'ont permis de tenir le choc face aux effets secondaires de la radiothérapie.

Na.

41.
La mise en boule

Les séances de radiothérapie sont astreignantes. J'y ai droit cinq jours par semaine, vers onze heures. Mimi me conduit et me ramène à domicile après cette obligation, même le vendredi, jour du rendez-vous avec le docteur Bardet. Cette organisation dure pendant une quarantaine de séances.

Curieusement, ce qui m'est le plus pénible n'est pas l'aspect itératif et long de la chose. Peut-être mon côté sportif habitué à la routine des entraînements ! Non, le plus pénible est que je suis fatigué et que, à mon niveau de fatigue, le moindre geste demande un effort démesuré.

Prendre mon petit-déjeuner devient compliqué et lent. Essayer de hâter le mouvement, d'accélérer les gestes, bref, de se bouger le popotin ? Échec garanti ! Je n'arrive pas à aller plus vite que la musique.

Sucrer et touiller un café me prend dix minutes chrono. Ma toilette aussi se transforme en une saga interminable, hérissée de difficultés innombrables. Monter la vingtaine de marches qui conduit à la salle de bains est une course de fond. J'en avale dix à la vitesse d'un escargot, je me repose trois à quatre minutes, et je finis l'ascension avec la célérité d'une tortue.

Néanmoins, chaque jour, je me force à me lever, me doucher et me raser sans l'assistance de personne. Bilan : plus d'une heure. De l'autre côté de la cloison, Mimi a la gentillesse de guetter les bruits suspects qui indiqueraient que je me suis cassé la binette. Conscient du danger, j'évolue prudemment, j'évite les accidents, et je me traîne, bon sang que je me traîne !

Certains matins, certains soirs, pourquoi pipeauter ? la lassitude me guette. La répétition me pèse. Ma propre lenteur m'exaspère.

Toutefois, j'ai l'habitude de ces minuscules coups de mou. J'ai appris à les accueillir et à leur clouer le bec. Je ne laisse pas le *blues* m'envahir. Je m'oblige à me ressaisir ; et, en réalité, ce n'est pas si difficile car je suis heureux de combattre la maladie. De plus, et c'est important, je sens que l'équipe médicale me soutient. Les opératrices radio sont charmantes avec moi. Presque chaque matin, le docteur Bardet – je ne sais s'il s'y contraint pour l'ensemble des patients – a la gentillesse de passer me saluer. Nous échangeons quelques blagounettes… bien que la fatigue me conduise souvent à sortir des bons mots particulièrement nuls ! Probable que je ruine ma réputation d'habile plaisantin, mais l'essentiel est ailleurs : je me sens moins seul.

Car, le reste du temps, je me sens seul.

Absolument, irrémédiablement seul.

Comme le chante Frederik Mey, même quand nous sommes comblés d'amour,

il y a la conscience amère

que nous sommes tout seuls quand nous arpentons nos calvaires.

Seuls, nous sommes seuls, nous venons et nous nous en allons seuls.

Bizarre, n'est-ce pas, pour quelqu'un qui a la chance d'être porté par des soignants formidables et par des proches on ne peut plus attentionnés ? Voilà l'un des paradoxes de ce genre de cochonnerie qu'est le cancer. Tu as beau être entouré, tu es seul. Et pour cause ! Personne ne peut te tenir la main vingt-quatre heures sur vingt-quatre. Dès lors, tes compagnes les plus fidèles sont

- ta fatigue,
- tes nausées et
- cette saveur horripilante qui ne quitte pas ton palais.

Toujours désireux de ne pas me laisser enfermer dans ma maladie et ma posture de malade, j'essaye de tromper mon vide en regardant la télé ou en surfant sur Internet. Grâce à YouTube et aux sites spécialisés, je deviens presque incollable sur la préparation d'un triathlon Ironman. En effet, la loque qui peine à se brosser les dents, l'épave qui végète dans son fauteuil, le mou du genou pour qui se verser un café sans solliciter sa femme est un exploit, ce type au bout du rouleau et pas tiré d'affaire – moi, en somme – s'accroche à la double décision qu'il a prise après avoir lu son Grand Gourou David Servan-Schreiber, lequel conseille d'avoir des objectifs concrets à mettre en œuvre « pour l'après ».

L'heure de dévoiler mes projets est venue.

Des objectifs, j'en ai défini deux « pour quand je serai guéri ».

Le premier sera de boucler un Ironman. Au début des années 2000, je me mets au triathlon et j'aime ça. Stratégie des petits pas oblige, j'affronte d'abord la version pour débutant, ensuite la distance olympique, puis je glisse mon regard vers les collègues du club qui descendent à Nice se risquer au plus grand Ironman de France. Ils le finissent avec brio. Pour moi, ces mecs qui ont l'air normal sont, en vrai, des extraterrestres. Se farcir 3800 mètres de natation, 180 kilomètres de vélo – et attention, à Nice, c'est sacrément vallonné ! –, un marathon derrière, j'imagine que c'est réservé à des frappadingues. Par conséquent, dès que je suis déclaré officiellement malade, je décide que je vais faire ça. Un nouvel impossible me paraît un bon projet.

Cette fois, étrangement, cela ne me ramène pas à mon passé de sportif mais à mon passé plus proche de *businessman*. Quand j'ai décidé que ma boîte, montée aux forceps, contre toute évidence, arriverait à un certain objectif, je n'en démords pas. Par la porte ou par la fenêtre, je vais chercher le contrat, le mandat, le boulot, peu importe ! Une fois l'objectif fixé, je suis féroce tant qu'il n'a pas été atteint. Donc ma rage de réussir ne se limite pas à moi. Quand j'avise un commercial qui rechigne à la tâche, je me mets en boule et lui lance volontiers :

– Gars, si tu veux pas te sortir les doigts, la porte, elle est là.

Patron hystérique ? Ha, surtout pas ! Même si, bon, un brin, peut-être, soit. Mais pas sous l'angle colérique. Patron exigeant, oui. Obsédé par l'idée que nous pouvons, ensemble, aller chercher un meilleur résultat. Pour mon bénéfice, c'est vrai, puisque c'est moi le *boss*, mais aussi parce que je n'imagine pas une seconde qu'être employé pour donner le minimum a le moindre sens.

Ma ligne directrice a toujours été que les gars qui en veulent donnent ce qu'ils ont et ce qu'ils sont. Les arrivés, les moyens, les contents d'eux-mêmes, je ne les comprends pas. J'ai toujours énormément exigé de moi. Partant, je trouve sain que mes acolytes aient semblable exigence et qu'ils soient récompensés quand ils explosent leurs limites.

Dorénavant, mon premier objectif est d'exploser mes limites en finissant l'Ironman de Nice.

Mon second objectif « pour quand je serai guéri » sera plus tranquille. C'est décidé, non seulement je vais guérir, non seulement je vais être un *finisher* de l'Ironman de Nice, mais, en sus, Mimi et moi allons partir pour un tour du monde.

Tous les deux, nous adorons voyager. Après l'hôpital, après l'Ironman, nous nous envolerons longtemps et en *business class*. J'ai débuté ma prise de renseignements et, croyez-moi, je n'ai pas l'intention de lâcher l'affaire.

Oh, non.

42.
La science inexacte

En août 2010, je deviens un patient dé-bor-dé. À la fois sous chimio et sous radiothérapie, j'arpente les couloirs du centre Gauducheau, accompagné de ma poche. Je reste deux jours à l'hôpital, puis on me libère et je finis ma cure à la maison. Chaque jour, quand je suis chez moi, une infirmière vient vérifier que tout est en ordre. Au besoin, elle change la poche avant de repartir.

Pour le reste, je suis traité en hôpital de jour. Je vais à Gauducheau subir mes séances de radiothérapie, puis je rentre me poser dans mon fauteuil. J'attends que le temps passe. Toutefois, une grande amie de Mimi s'étonne dans son journal de l'époque que je ne sache pas rester tranquille : alors que je suis une loque vaguement humaine, je file, sitôt rentré de Gauducheau, sur des sites de triathlon et de voyage. J'ai décidé que je vais survivre, donc que je vais réaliser mes deux objectifs, il est temps pour moi de les préparer sérieusement !

Dans cette perspective, je continue d'augmenter mes séances de sport. Je passe de dix minutes à un quart d'heure. Si j'avais eu la moindre once de lucidité, je me serais évidement lancé : « Mais t'es con, Jean-Paul, quinze minutes par jour ne vont pas suffire à préparer un Ironman, jarnicoton ! » Par chance, je ne suis plus en état d'être lucide, et mon cybersurf comme mes miniséances de sport (énormes selon mon ressenti) sont ma manière de m'extirper de ma maladie.

Pour m'aider à sortir de mon chaos intérieur, parfois, le téléphone sonne. En général, je décroche ; néanmoins, il m'arrive aussi de rabrouer les amis. Roger, un copain depuis quarante ans, en a pris l'habitude. Il ne s'offusque pas quand je lui lâche :

– C'est gentil d'avoir pensé à moi, mais pas maintenant, je suis crevé. Rappelle-moi demain.

Je dois reconnaître qu'il m'arrive de lui dire « non » moins courtoisement. En clair, je lui avoue qu'il me fait chier. Heureusement, il sait ce que j'endure. Partant, il ne prend pas ombrage de ma franchise bougonne, et il rappelle le lendemain pour voir si je vais mieux.

Souvent, Mimi filtre les appels, pas tellement en fonction de l'interlocuteur, plutôt selon mon état. Quand je suis *kaput*, elle donne elle-même des nouvelles. Le plus fort de café, c'est que je ne l'apprends qu'*a posteriori*. Mimi est une cachottière ! Dans les moments où la fatigue me submerge, elle ne me demande pas si je veux prendre un appel. La réponse, elle la connaît : hors service, le Jean-Paul ! Aussi a-t-elle mille fois raison de faire tampon. Certains jours, je ne suis là pour personne, même pas pour moi.

Car voilà la réalité : l'épuisement me ravage. Par interstices, il corrode ma volonté, siphonne ma combattivité et me pousse à en avoir ras-le-bol. Ne racontons pas la messe ! Le malade décidé, le patient volontariste et le cancéreux optimiste que je suis laissent sporadiquement la place à un brave type qui n'en peut plus, que les traitements agacent et qui ne rêve que d'une seule chose – qu'on lui fiche la paix.

La poche gastrique continue de me harasser. Le goût et l'odeur qu'elle me laisse me tuent. J'ai envie d'abandonner. De la laisser tomber. D'arrêter d'ingérer cette merde. À chaque occurrence de cette tentation, Mimi apparaît et m'oblige à me rebrancher. En réalité, malgré quelques cahots, ma vie est réglée comme du papier à musique. Chimio. Radio. Nutrition. Je suis devenu un malade professionnel qui se bat contre lui-même pour ne pas être qu'un malade reclus attendant la fin du film.

Aujourd'hui, j'encourage ceux qui souffrent de la même horrible maladie que celle que j'ai affrontée : osez. Osez aller chercher votre pain, même si c'est horriblement difficile, histoire d'échanger quelques mots avec votre boulangère. Osez affronter le regard de ceux qui pensent que les malades devraient rester cachés à l'hôpital ou chez eux. Osez leur signifier, par votre seule présence dans l'espace public, que vous n'êtes pas un zombie ou un pestiféré. Vous êtes vivants et vous n'êtes pas prêts à lâcher l'affaire, *même quand vous êtes prêts à lâcher*.

En avoir ras-le-bol du traitement et de ses effets secondaires dévastateurs est une réaction normale et saine. Cela signifie que vous êtes en train de vous battre au maximum de votre intensité. C'est pour ça que vous êtes à bout ; et c'est aussi pour ça que vous devez tenir en pensant que, si vous dégustez, la tumeur prend probablement plus cher. Rincé, essoré, à bout, vous êtes sur la bonne voie, la seule voie susceptible de vous ramener à la victoire. Comme en sport, où certains efforts sont tellement intenses qu'il est logique de vouloir les arrêter. Sauf que, si vous les prolongez un peu plus qu'il n'est raisonnable, si vous réussissez à repousser vos limites, si vous remportez le défi que vous vous êtes lancé, vous en sortez plus forts ; et le plaisir de la victoire est pimenté par le souvenir de cette petite voix qui vous poussait à abandonner. Comme pour les « Vingt minutes ou Monaco », je me bats en pensant que, un jour ou l'autre, *je l'aurai*. C'est obligé.

Peut-être est-ce une séquelle de mon passé de footballeur international, mais peut-être est-ce aussi un objectif que chacun peut essayer d'atteindre, cette idée que, même quand t'en peux plus, t'en peux encore. Croyez-moi, en tant que malade, j'ai été habité, poursuivi, nourri par cette idée. Elle était infiniment moins évidente à soutenir que sur un terrain de football, et j'ai plus souvent ployé sous elle que sur le pré avec les copains. N'empêche, elle m'a aidé à supporter le traitement, la fatigue et la lassitude. D'où mon insistance !

Je comprends infiniment ceux qui veulent arrêter leur traitement parce qu'ils n'en peuvent plus, donc je veux encore les aiguillonner en leur disant : si, vous pouvez encore. Si, vous *devez pouvoir* encore. Peu importe que vous ayez été sportif de haut niveau ou que votre plus grand exploit physique ait consisté à trottiner quelques mètres dans l'espoir d'attraper un train entrant en gare. Face à la maladie, il faut se battre. Battons-nous, battons-nous encore, et battons-nous après la bataille ! C'est notre seule arme pour refouler la cochonnerie qui compte nous grignoter.

Certes, quand on devient officiellement cancéreux, on peut avoir l'impression d'être doublement dépossédé de son destin. D'une part, la maladie a lancé l'assaut, d'abord en tapinois, désormais au grand jour ; cela se déroule en nous, mais nous ne contrôlons pas ce qui se passe. D'autre part, la médecine a engagé la riposte, et le malade risque de penser qu'il a perdu les commandes de son corps, désormais propriété des soignants, grands professeurs, internes, infirmiers ou aides-soignants. Pourtant, il nous reste un rôle à jouer, à nous, malades, et un rôle qui n'est certes pas négligeable.

Nous devons mettre toutes les chances de notre côté, par exemple en nous efforçant d'adopter une mentalité de vaillant combattant dans les moments de calme, de doute, d'angoisse et de douleur. Et ce, pour une raison simple : la médecine est une science vitale mais, contrairement à ce que l'on aimerait croire, elle n'a rien d'une science exacte. Spécifiquement, l'oncologie est un domaine dont les ultraspécialistes connaissent à la fois beaucoup et très peu. Pour les aider – donc *nous* aider –, à notre échelle, nous devons rester actifs et prendre part, résolus, déterminés et confiants, à l'affrontement qui se joue en nous.

43.
La chambre du cœur

Je vis ma maladie dans l'obsession de lui régler son compte, quel que soit le prix à payer. Quand le docteur Bardet m'a dit : « Putain, la tumeur a fondu de moitié », une question a pris possession de moi :

– Comment fait-on pour qu'elle fonde complètement ?

Je n'ai jamais douté de ma victoire finale, et j'ai eu la chance que cette absence de doute soit fondée. Bien sûr, ce n'est pas parce que l'on y croit à fond et parce que l'on se bat que l'on gagne ; cependant, il s'agit de deux conditions préalables. Cette foi en l'avenir n'empêche pas de connaître les circonvolutions du destin. Ceux qui ont un peu vécu le savent : rien n'est écrit, tout est bizarre, bien malin qui sait à quoi s'en tenir.

Une expérience sportive m'a immunisé sur ce plan. Au cours de la saison 1969-1970, ma première au FC Nantes, je joue contre Marseille, je joue contre Sochaux, après quoi le titulaire dans les buts revient, ceux qui ont lu le livre depuis le début le savent. Quelques mois plus tard, je rejoue un match à l'approche de la trêve de Noël, puis je pars jouer avec les jeunes le tournoi européen en Écosse, celui où l'on est éliminés à la pièce. Quand nous rentrons de Glasgow, j'arrive à la gare de Nantes avec Bernard Gardon et Claude Arribas. José Arribas est sur le quai. Il me lance :

– Jean-Paul, tu refais ton sac. Demain, tu pars à Nîmes, et prépare-toi car il est possible que tu joues la finale de la Coupe de France contre Saint-Étienne.

Je pars à Nîmes. On perd 4-2. Je n'ai pas souvenance d'avoir été particulièrement déficient, mais le fait est que je prends quatre pruneaux. On remonte à Paris. Je m'apprête à jouer. Jean-Michel Fouché se rétablit. C'est lui qui joue la dernière finale de Coupe de France à se dérouler au stade de Colombes. *Le* match que les footophiles français regardent à la télé. Je suis dégoûté. La nouvelle chance de ma vie vient de me passer sous le nez.

Sauf que cette finale, Nantes la perd 5-0. Je l'avoue, je suis moins dégoûté de ne pas en être. Le *fair-play* m'oblige aussi à préciser que Jean-Michel Fouché n'est pas à blâmer en tant que tel. Collectivement et individuellement, sur ce match, Sainté était dix fois meilleur que nous. Néanmoins, *a posteriori*, je me suis toujours dit : heureusement que le patron s'est rétabli et s'est pris la volée à ma place. Peut-être que, si j'avais joué ce match, ma carrière se serait arrêtée là. La vie d'un sportif se joue à si peu ! Si, à dix-huit ans, je m'étais pris cinq pions de Saint-Étienne, lors du seul match de club télévisé en France, la presse m'aurait fusillé. Mieux valait que le titulaire expérimenté encaissât le verdict du terrain. Il avait prouvé sa valeur par le passé. Il avait la carrure pour supporter les *lazzi* et les arguments pour calmer les rigolards.

La preuve : il a survécu à cette humiliation collective. La saison suivante, il a joué la moitié, j'ai fait presque l'intégralité de l'autre, il a fini la saison. La saison suivante, je suis devenu le titulaire à sa place ; et je le suis resté pendant plus de six cents matchs. Chaque fois que je repense à ce diagnostic, j'en ai conscience : j'aurais pu troquer vingt ans de carrière contre une heure trente de ce que j'imaginais être un triomphe. J'étais effondré de ne pas être le jeune gardien qui brille à la télé ; et pourtant, peut-être le destin a-t-il sauvé ma vie professionnelle.

Cette confiance acquise par l'expérience – sera-ce manière de sagesse ? – dans les mystères du destin fait que, oui, moi qui suis un battant rebelle, je me soumets aux protocoles médicaux sans barguigner, même si j'ai complètement conscience qu'ils amochent le beau gosse que j'étais ; MAIS la confiance dans la médecine est essentielle dans la lutte contre le cancer. Je le constate d'autant mieux que, à force, les traitements ont plus ou moins détruit mon système immunitaire, ce qui me vaut notamment trois infections pulmonaires carabinées. (Je ne sais pas s'il y a des infections pulmonaires non carabinées, mais je dois avouer que celles que j'ai subies m'ont fracassé !) Ce genre d'infection, ça ne prévient pas, ça arrive, et on la sent passer.

La première fois, je suis dans la cuisine et je commence d'avoir froid. Très froid. Je me mets à trembler comme si j'étais nu dans le blizzard. Mimi m'aide à me mettre au lit. Malgré cela, je n'arrive pas à contrôler mes tremblements, façon crise de Parkinson multipliée par dix. Je dois avoir quarante de fièvre. Je prends peur. Mimi appelle le SAMU. Dès que j'arrive à l'hôpital, j'ai droit à une perfusion d'antibiotiques et tutti quanti. En prime, je gagne un bon pour un séjour de quarante-huit heures sous surveillance. Je réchappe à cette alerte sévère.

D'autres rechutes surviennent. Une fois, à La Baule, les symptômes de l'infection me frappent à nouveau. Le médecin appelé en urgence ordonne mon transfert au CHU de Saint-Nazaire. Problème : les soignants n'arrivent pas à localiser l'origine de l'infection. C'est moi qui la découvre, le matin suivant, en faisant ma toilette.

Quand je passe mon gant sous l'épaule gauche, je manque de hurler de douleur. Plus de doute, l'infection vient de la chambre que l'on m'a implantée au-dessus du cœur, avant mes premières séances. Par chance, à cette époque, je ne suis plus sous chimiothérapie. Je peux donc être opéré, libéré de ce corps étranger et soigné. Ces petits croche-pattes de la tumeur n'auront eu ni ma peau, ni ma détermination !

44.
Les fruits de la passion

Le 6 octobre 2010, j'entame ma sixième et dernière cure de chimiothérapie.

Même si je sais que les effets des produits continueront à m'affecter pendant de longs mois, je suis soulagé que ce protocole s'achève car je suis lessivé. Depuis août, je ne parle pratiquement plus. Je me traîne dans un état de délabrement épouvantable. Comme on dit communément, « je suis mort », et je suis mort de mon propre chef, parce que je crois que, après les meurtrissures que je me suis infligées, je vais vivre. Je m'accroche à trois idées :

- mon traitement n'a jamais été interrompu, c'est bon signe ;
- les analyses ont toujours été sans équivoque – la tumeur en a pris plein la face et n'a pas apprécié les produits que mon corps a ingérés ;
- la libération est proche.

Pour être honnête, j'ignore comment j'aurais réagi si on m'avait annoncé qu'il fallait repartir pour trois cures supplémentaires… et je préfère qu'il en soit ainsi.

J'encaisse la dernière injection de cisplatine, conscient que ses effets bénéfiques et délétères vont se poursuivre longtemps après que j'aurai quitté l'hôpital. Car, quand le cycle est clos, on ne passe pas un IRM ou un scanner pour s'entendre dire que l'on est tranquille ou qu'il faudra revenir dans quelques semaines ou dans un an, le cauchemar étant terminé. Au contraire ! On te dit que l'on va continuer à te suivre, et on ne te ment pas.

Pour ma part, à peine plus d'un mois après ma dernière cure, le 16 novembre, toujours aussi fragile, je prends une nouvelle infection pulmonaire – retour à l'hosto. Le 10 décembre, je subis un scanner de la gorge. Le 17 décembre, j'ai droit à un scanner thoracique pour vérifier si le cancer n'est pas descendu dans les poumons.

De sorte que, quasi toutes les semaines, le docteur Bardet me reçoit en consultation. Jusqu'à ce jour où il m'annonce :

– Bon, Jean-Paul, *a priori*, la tumeur est circonscrite. Maintenant, on va s'intéresser à la chaîne ganglionnaire.

Je me raidis et ne le cache pas.

– Sur cette chaîne, continue-t-il, impassible en apparence, on voit encore quelques nodules qui méritent notre attention. Certains sont morts ; d'autres ne sont pas morts mais ne sont pas actifs pour autant. Bref, il faut réfléchir à l'opportunité d'une opération.

– Où voulez-vous en venir ?

– C'est difficile de trancher. D'un côté, on peut surveiller ces nodules comme le lait sur le feu, grâce à un suivi pointilleux, mais, de l'autre, je suis incapable de déterminer si ces cellules vont finir d'agoniser ou si elles vont récupérer, se réveiller et repartir.

– Que me conseillez-vous ?

– À titre personnel, je vous suggère d'enlever la chaîne ganglionnaire, d'autant que, à Nantes même, vous avez dû croiser le professeur Olivier Malard qui est un spécialiste réputé. Ce ne sera pas une partie de plaisir, mais…

– Donc, si vous étiez à ma place…

– Je n'hésiterais pas. Je comprends que vous soyez fatigué des interventions, mais je vous le dis tout rond : je serais vous, je me ferais opérer.

– Alors on y va. Je vous ai accordé ma confiance depuis le début, vous avez prouvé maintes fois que vous la méritiez, je n'ai pas l'intention de vous la retirer. Adressez-moi au professeur Malard.

Rendez-vous est pris.

Dans son bureau, solennel, l'ORL m'explique les enjeux dans des termes fleuris. Selon lui, il s'agit d'aller « cueillir les ganglions ». L'expression me parle. J'imagine le chirurgien avec sa petite cuillère grattant ma gorge comme on racle un fruit de la passion. Je trouve ça presque mignon, et ça me convient à merveille. Si l'on m'avait promis pis que pendre, vu mon état, j'aurais peut-être réfléchi. Là, non, « cueillir », c'est charmant, ça me va.

A-t-on omis de me ramener à la réalité, ou ai-je choisi d'occulter les explications techniques ? En tout cas, quand je valide le projet, je n'ai pas le moins du monde conscience de ce qui m'attend. Je n'ai surtout pas conscience que ce qui m'attend n'a rien à voir avec le projet fruité que j'ai fantasmé.

Mais alors, rien du tout.

45.
L'innocence de la concession

Le projet porté par le professeur Malard est bien de m'enlever la chaîne ganglionnaire plus la veine jugulaire gauche. Jusque-là, on est raccord. Hélas, le circuit lymphatique passe par-là ; et, sans lui, la lymphe ne peut plus s'évacuer.

Pour qui, comme moi, n'est pas un professionnel de l'anatomie, la précision peut paraître abstraite. Ce nonobstant, la conséquence est très concrète. Quand je me réveille de l'opération, je suis un monstre. Ni plus, ni moins. Esthétiquement, je m'évalue comme étant entre Quasimodo en plus difforme et Elephant Man en plus repoussant. Avant, je ne me considérais ni comme le plus vilain des hommes ni comme l'étalon-or de la beauté officielle George Clooney (au passage, n'est-ce pas étrange que, pour évaluer une surface immense, on prenne comme unité la surface d'un terrain de football, alors que, pour évaluer la beauté, on prend rarement un footballeur ?). M'enfin, entre George Clooney et Elephant Man, il y a peut-être un entre-deux, non ?

Je suis bouleversé parce que je suis devenu. Écœuré. Révulsé.

Pendant six mois, je dors presque assis afin d'aider la lymphe à redescendre ; et je vais quotidiennement chez le kinésithérapeute afin qu'il procède à un drainage lymphatique. Là encore, je dois insister : six mois, *a posteriori*, ce n'est pas grand-chose ; sur le moment, c'est ce je connais de plus proche de la notion d'infini. Nouvelle expérience de la relativité du temps !

Le premier kiné que je vais voir est un copain du club de triathlon. Il procède avec une machine, une sorte de grosse tête métallique qu'il passe le long du cou pour faire descendre doucement le liquide. Entretemps, un médecin que je connais me secoue en m'affirmant qu'un drainage lymphatique n'est efficace que s'il est réalisé à la main. Tel est son nom officiel, dans la nomenclature des kinés : DLM pour drainage lymphatique *manuel*. J'explique la situation au copain kiné, et je me confie à un autre soignant, plus spécialisé dans ce genre de soin qui consiste à presser (mais pas trop) pour que descende la lymphe selon des canaux connus à peu près des seuls kinés habitués à ce genre de manipulation.

Le cabinet de mon nouveau sauveur est à cinq minutes de la maison en voiture. J'apprécie de pouvoir y aller sans solliciter Mimi. Preuve que, globalement, je vais un peu mieux, n'eût été mon visage très disgracieux. Les effets de la fatigue commencent à s'estomper. C'est un fait, je ne souffre pas… à l'exception des moments où je me croise dans la glace et où il m'arrive de penser :

– Vertuchou, faut pas que Mimi me quitte, j'aurais du mal à trouver quelqu'un d'autre !

Petite et mauvaise plaisanterie à part, peut-être que j'en veux au chirurgien de ne pas m'avoir prévenu plus distinctement. En vérité, je n'en suis pas si sûr. L'alternative reste : ou bien avoir la tête comme un compteur à gaz durant plus d'un an, ou bien risquer une récidive tumorale. Pas facile de trancher. Encore une fois, après coup, ces quelque trois cents jours difficiles peuvent passer pour un détail face au danger létal que représente le cancer. Néanmoins, je les ai vécus, ces trois cents jours, et je vous garantis que c'est le contraire d'un détail.

Malgré cette offense à mon portrait habituel, petit à petit, mon naturel combattif reprend le dessus. Lentement, je parviens à me convaincre que l'essentiel reste de vaincre le cancer.

Du reste, ce n'est pas la première fois que je fléchis. Comme beaucoup qui sont passés par-là, j'ai fricoté avec l'idée que, si ce n'est pas le cancer qui me tuera, ce seront les cochonneries que l'on m'injecte. Quand le moindre geste te demande une énergie gigantesque ; quand tu passes tes journées à gésir sur un fauteuil en attendant, eh bien, en attendant rien, pour être honnête, sinon la fin du traitement, tellement lointaine qu'elle en devient abstraite ; quand tu te vois dans la glace te dégrader à vue d'œil et dégringoler ainsi pendant des mois et des mois, le tout sans garantie de résultat, loin de là, même en croyant à la médecine, même en appréciant tes soignants, même en ayant noué une amitié sincère avec certains des professeurs qui te suivent, il faudrait être fou pour ne pas te demander si tu n'as pas commis une erreur fatale en acceptant de te lancer dans la bataille.

Donc je ne regrette pas d'avoir douté.

Parce qu'il y a de quoi.

Ce que j'ai constaté sur mon corps est pour le moins horrible, à la hauteur du cauchemar que l'on me prédisait ; et le pire, c'est que cette déchéance n'est pas une surprise car rien que le principe de la lutte contre le cancer le laissait présager.

En effet, la chimiothérapie est un poison qui te détruit. Sauf qu'il n'y a pas d'autre option pour tuer la tumeur. Par conséquent, dès le départ, je savais que j'allais passer par des périodes compliquées – par chance, je n'imaginais pas à quel point ! En prime, quand y en a plus, y en a encore, puisque, d'une part, les effets de la chimio continuent après que la chimio a cessé, et, d'autre part, tes défenses immunitaires restent longtemps à zéro, ce qui te permet, y compris quand tu te méfies, d'attirer à toi virus et microbes en ribambelle. Or, une grippe, quand tu es en bonne santé générale, c'est fâcheux mais ça te dure quelques jours au maximum ; en revanche, quand tu sors de chimio, les effets de la moindre cochonnerie qui passe sont décuplés, et la probabilité de retourner un jour ou l'autre à l'hôpital est loin d'être faible.

Bref, tu as beau être totalement épuisé, tu te rends compte que tu peux être encore plus épuisé qu'épuisé totalement. L'important, alors, est de s'être fixé un cap et de s'y tenir. Bien que je déguste, je ne me laisse pas le choix. Je veux régler son compte au cancer.

Pour moi, sortir de mon état de cadavre ambulant, c'est l'équivalent d'un médius préalablement humecté et tendu bien haut devant la tumeur. Par exemple, prendre la voiture moi-même, c'est une victoire sur laquelle peu auraient parié quelque temps auparavant. La preuve ? Grâce à cette automobile, je signe mon retour parmi les vivants après deux ans où j'ai été ni plus ni moins qu'un cadavre vaguement ambulant.

Bon, soit, je n'ai pas signé *que* ce retour. J'ai signé des chèques, aussi.

Au printemps 2011, après une énième visite chez le kinésithérapeute, il fait grand beau. Je prends la route de Vannes, connue pour aligner les garages de voitures. Innocemment ou presque, je m'arrête à la concession Audi, où le directeur des ventes est presque un copain. Trois ou quatre ans avant, j'ai commandé une A5 pour mon fils, alors *fan* de la marque. Chaque fois que je passe chez le concessionnaire, c'est l'occasion de joutes sympathiques.

Il me demande quand je passe chez lui au lieu de végéter chez ses concurrents, BMW jadis, Mercedes depuis quatre ou cinq voitures.

Car, oui, j'aime les voitures confortables et solides. Quand je me suis recyclé dans l'immobilier et la défiscalisation, j'ai aussi pris la route à raison de 50 000 km/an. Sans offense pour la piètre concurrence, si je dois me cartonner ou être cartonné, je préfère vivre l'expérience dans une solide berline allemande que dans un pot de yaourt d'origine incertaine.

Chance pour lui, lorsque je débarque ce jour-là, le rhéteur est là. Donc je l'interpelle pour découvrir quelles sont les prochaines voitures qu'il compte mettre sur le marché. Il prend un air extatique et me dit :

– Malheureux, c'est pas une nouvelle voiture qui arrive sur le marché, c'est une merveille. Tu as entendu parler de la nouvelle A7 ? Viens que je te montre ça…

On discute, et je suis tellement content de reprendre goût à la vie… que je signe un bon de commande pour une voiture qui sortira d'usine dans six mois !

Euphorique, je décide de poursuivre ma première virée en solitaire, comme un homme, comme un grand. Je fonce voir la boutique où j'ai mis mon vélo de triathlon en révision. C'était le prétexte de ma virée, je dois me tenir à ça aussi. J'arrive devant le magasin et je découvre en vitrine un superbe vélo de course en carbone, d'une magnifique couleur anthracite. Le vendeur que je connais me confirme :

– Ça, c'est un vélo plaisir que les pros utilisent…

– T'en as un à ma taille ?

– Je peux l'avoir dans les quinze jours.

– Banco.

Je signe le bon de commande pour 7000 € puis je rentre à la maison. Mimi m'interpelle :

– Mais t'étais où ? J'ai failli m'inquiéter !

– Bah, sois tranquille, je vais bien : j'ai changé de voiture, j'ai acheté un vélo, bref, je viens de dépenser 100 000 € !

– C'est noté, répond-elle en rigolant. Plus jamais je ne te laisse sortir seul.

J'ai rigolé à mon tour et pris conscience que, sans doute, j'étais en train, symboliquement, contre monnaie sonnante et trébuchante, de sortir de ma phase cancer. Je ne savais pas que le processus n'en était qu'à ses balbutiements.

III.
Après

46.
La notion de risque

Bientôt l'été 2011.

Plus le temps passe, moins je suis fatigué. Les effets retard de la chimiothérapie s'estompent. Je ne respire pas encore la santé, mais ça va de mieux en mieux. Cela ne m'empêche pas de déguster.

D'abord, j'attrape nombre de maladies qui passent, comme cette angine qui, début avril, m'occasionne un œdème important.

Ensuite, cela ne m'exonère pas non plus des petits *suspenses* détestables, comme cette tache noire à la gorge qui me vaut un scanner de la gorge et du thorax, plus deux ponctions – pour rien, heureusement. Toute anomalie laisse craindre que c'est reparti. L'équipe soignante comprend mes inquiétudes et ne lésine pas sur les scanners, les IRM ou les prélèvements. Rassurant et épuisant à la fois !

Et, enfin, ma « rémission » me permet d'éprouver l'angoisse des malades considérés en rémission : la fameuse visite annuelle, où tout se joue.

Comme je suis traité au centre Gauducheau et suivi au service ORL du CHU, j'ai droit à deux visites par an, ce qui constitue un privilège à la fois rare et redoutable. En effet, ces contrôles nourrissent deux angoisses contradictoires. La première crainte se concentre sur le jour du contrôle, où l'on va peut-être t'annoncer que la maladie est repartie, voire s'est généralisée. La seconde crainte se déploie tous les jours entre deux contrôles, où tu te dis : « Si ça se trouve, je crois que je vais bien, et pourtant la tumeur a peut-être réussi à repartir… » Autant le moment du traitement est physiquement d'une dureté épouvantable, autant le moment où le traitement cesse est psychologiquement redoutable.

La vie d'un cancéreux « en rémission » passe 7/24 sous l'épée de Damoclès de la récidive. Celui qui ne devient pas hypocondriaque est ou moine bouddhiste ou complètement taré, ou les deux. Pour ma part, quand un bouton me pousse en bas de la mâchoire, je me demande si c'est un bouton ou un début de boule. Je suis débile ? Pas tant que ça. Méfiant et échaudé, plutôt.

Après ce que j'ai subi, moi qui ne suis pas chochotte de nature, je ne trouve pas absurde de ne pas vouloir prendre le moindre risque et de repartir à la case départ sans toucher vingt mille francs. Donc, peu après que plus de chimio, oui, le moindre signe qui eût été banal chez n'importe qui devient, pour moi, une source d'inquiétude maximale. Et la veille des premières visites biannuelles, foin de circonvolutions, voilà ce que je pensais : « Pourvu qu'il dise pas “oh, merde, elle est de retour”, quand il va me passer sa caméra dans le pif jusqu'au fond de la gorge ! »

Même si j'essaye de faire le fier-à-bras, je balise.

Puis ça s'atténue.

Petit à petit.

Vraiment très petit à petit.

L'environnement médical te pousse à la prudence. Je ne suis pas *guéri*. Je suis en rémission. On me le rabâche, à bon droit. J'intègre l'information.

Ce n'est que cinq ans plus tard que le docteur Bardet m'encouragera à sa façon, en me disant :

– Désormais, vous avez plus de risque de développer un cancer ailleurs qu'à la gorge.

Je n'attends pas d'être définitivement libéré de l'inquiétude pour concrétiser des projets qui me ragaillardissent. En août 2011, Mimi m'annonce que, y a pas à discuter, cette année, on va à Saint-Barthélémy. En effet, en 2010, j'ai vécu les vacances par procuration, grâce aux vidéos que m'envoyaient les chanceux partis à la villa Camaruche que j'avais louée. Cette fois, je ne me lèverai pas la nuit pour prendre des nouvelles du soleil : je serai du voyage.

C'est de la folie, mais qu'est-ce que je risque ? Je suis suivi pour un cancer de la gorge pris en charge alors qu'il en était au quatrième stade. Dans de telles circonstances, la notion de risque devient très relative, non ? Nous arrivons à faire livrer les poches et le matériel *ad hoc* sur mon lieu de villégiature. Tout se déroule comme sur du velours. Prends ça dans ta face, cancer !

47. La clef à molette

Mon envie d'exister n'est pas cantonnée à la maladie, peut-être parce que j'ai décidé que je n'étais pas réductible à ma maladie. Voilà pourquoi ce livre est un livre qui parle de cancer, mais aussi de foot, de fête, de sport en général et d'énergie en particulier. Aujourd'hui, j'ai soixante-dix ans, et j'ai toujours envie de mordre l'existence comme si j'avais quarante ou cinquante ans. La fureur de vivre me pousse toujours.

Sur le moment, moins. Si je ne suis plus le zombie que j'ai été, je reste soumis aux poches de nourriture. Je n'en peux plus. Les poches, c'est dégueulasse. Le goût, l'odeur vous envahit en permanence. Je suis fatigué de ce protocole.

J'annonce à Mimi :

– Non, j'en ai marre, je ne prends plus ce bazar.

Elle marque un temps d'arrêt, puis son sens de la négociation l'emporte.

– D'accord, souffle-t-elle. Tu ne te branches pas, mais tu manges.

J'accepte le *deal*, et je m'efforce d'avaler tant bien que mal de la vraie nourriture hachée menue. Je tiens trois jours avant de devoir repasser aux poches. N'empêche, ces trois jours résonnent dans mon cœur comme une petite victoire libératrice.

Surtout, je n'en reviens pas de jouir de vacances. Il y a Mathieu et sa femme, Karine et Jérôme, Pauline et Marine… Je ne peux pas nager car j'ai toujours la trachéo. Cependant, je sens que je progresse. Un premier pas pour qui, comme moi, n'envisage pas de vivre sans se fixer des objectifs. Peut-être suis-je aussi influencé par un chapitre d'*Anticancer* sur le rôle du mental dans le combat contre la maladie, où David Servan-Schreiber raconte une expérience menée en 2006 à l'université de Berkeley.

À la base, une intuition : notre vie, en qualité et en quantité, est impactée négativement par le sentiment d'impuissance, celui qui consiste à se sentir comme un fétu de paille dans le flux torrentueux du destin. Pour vérifier cette hypothèse, les chercheurs établissent une cohorte de sujets en bonne santé. Ils la divisent en deux, selon les réactions des personnes interrogées aux deux propositions suivantes. D'une part, « j'ai le sentiment qu'il est impossible d'atteindre les buts que j'aurais envie de me fixer » ; d'autre part, « l'avenir me semble sans espoir, et je ne peux pas croire que les choses sont en train de s'améliorer ». Le résultat est sans appel. « Les personnes qui se sentent le plus impuissantes ont une mortalité trois fois supérieure » aux autres, et « 160 % plus de cancers mortels. »

Évidemment, quand on lit ça, on a beau jeu de rétorquer que l'on ne tombe pas malade parce que l'on se sent impuissant – de même que l'on n'attrape pas le cancer parce qu'on lit un livre évoquant cette maladie. C'est juste. De plus, on peut très bien attraper une maladie grave alors que l'on se répète en boucle, jusqu'à peut-être y croire, que tout va aller bientôt pour le mieux, c'est même pour cela qu'il faut redoubler d'efforts.

Or, c'est exactement la conclusion des chercheurs ! Selon eux, l'étude prouve l'effet du sentiment d'impuissance mais elle ne l'explique pas. Une enquête approfondie sur « les conditions individuelles, sociales et environnementales » serait susceptible de mieux cerner les conditions d'émergence voire de sédimentation d'un tel sentiment, ce qui permettrait éventuellement d'échafauder des stratégies pour le réduire.

Sans aller plus loin dans l'analyse, j'ai expérimenté, à mon échelle, la nécessité absolue de lutter contre mon sentiment d'impuissance face à la maladie grave et avancée qui m'a frappé. Et d'un, parce que, après avoir hésité, j'ai décidé de vivre – or, quand j'ai décidé quelque chose, bien malin qui me fera tourner casaque. Je crois que, à ce stade du récit, c'est clair pour le lecteur ! Et de deux, parce que j'ai appris, au cours de ma carrière de sportif, qu'il existait souvent une manière de rendre possible l'impossible.

Cette manière n'a rien de magique. Elle s'appelle la démultiplication. C'est toujours ma méthode du *step by step* ! Prétendre qu'une telle méthode fonctionne à tous les coups serait mensonger, dois-je le préciser ? Néanmoins, je ne saurais compter

• le nombre de fois où, consciemment ou non, je l'ai employée avec succès,

• le nombre de victoires sur moi-même qu'elle m'a permis de remporter, ni

• le nombre de rêves inaccessibles qu'elle a mis à ma portée – à force d'efforts, d'obstination et de volonté.

Contre le cancer, dès mes deux premières cures de chimiothérapie, et notamment quand mon état a commencé de se dégrader, je me suis concentré sur ces deux piliers : mon désir de vivre et ma foi dans ma capacité à renverser la table. D'autres profiteront de stratégies complémentaires, comme l'optimisation de la nutrition (je m'y suis aussi attelé, tant que je pouvais manger !), la méditation, la psychothérapie ou l'EMDR (sorte d'hypnose qui contribue à se remémorer des moments traumatisants), que je n'ai pas souhaité mettre dans mon escarcelle.

Il existe une multitude de méthodes et de biais non directement médicaux qui peuvent contribuer à l'amélioration de notre santé et de notre bien-être. Chacun devrait en avoir conscience et piocher dans cette boîte à outils pour en ressortir le vilebrequin, l'étau ou la clef à molette qui lui paraît le plus approprié à son petit bricolage intérieur !

48.
L'ombre d'un homme

En octobre 2011, je continue ma mue. Je quitte le costume du malade et m'apprête à endosser celui de revenant. J'ai zoné dans le royaume des Ombres, je reviens croquer la lumière.

Le déclic se fait quand on m'enlève la sonde gastrique et la trachéotomie. À ce moment, je décide qu'il est temps de me rebâtir un corps. Ne drapons pas la réalité dans les voiles pudiques du floutage : quand je sors de mon traitement, je suis un cadavre ambulant. Je m'aperçois dans la glace. Avec tout le respect dû aux victimes de la Shoah, frappées – elles – par la haine et non par le désir de porter secours, je ressemble trait pour trait à maintes victimes photographiées au sortir des camps.

Habité par ce désir de reconstruire une partie de ce que la maladie a détruit, je vis comme une résurrection l'enlèvement de la canule liée à la trachéotomie. Sauf qu'ils enlèvent la canule mais, toi, t'as toujours le trou, à peine dissimulé par un pansement. Si tu veux parler, il faut penser à mettre le doigt dessus pour éviter que l'air ne s'enfuit, t'empêchant d'émettre des sons distincts. La promesse : les chairs se refermeront seules d'ici trois semaines. Mon objectif dès que cela sera accompli : prendre l'avion, aller au soleil et mettre la tête sous l'eau… si j'ose.

On m'enlève la canule en octobre. Au mois de novembre, on part à l'île Maurice. Je me revois à la plage de Trou aux Biches, me risquant à plonger. Certes, les médecins m'ont garanti que la paroi était fermée, mais ils ne risquent pas leur vie. Méfiant, je demande à mon ami Franck de me procurer des pansements étanches. J'ai très peur. Tendu comme un arc, j'attends une demi-seconde, tous les sens en alerte. Je n'entends pas de gargouillis synonyme de noyade. Je renais. Je suis de nouveau étanche.

Je décide que j'ai perdu assez de temps avec cette cochonnerie de cancer. Je vais me remettre à croquer la vie à deux cents à l'heure.

À cet instant précis, j'ai conscience que j'ai eu une chance infinie. Cette chance m'inspire une ineffable fringale de vie, de joie, de liberté. Je veux tout bouffer, tout ! Néanmoins, je dois être réaliste. Pour le moment, je peux vivre presque comme un homme en bonne santé, pas prendre mon vélo et faire 180 km. Oubliant de lire ce petit astérisque, une nuée d'euphorie et d'insouciance emporte ma raison. Je commence d'avoir l'impression que mon cancer est *physiquement* derrière moi.

Tant pis si je sais que c'est une impression pour au moins deux raisons : d'une part, physiquement, je suis une loque ; d'autre part, médicalement, je reste fragile, d'où mes rendez-vous réguliers chez les spécialistes qui suivent les scanners de contrôle. Le cancer garde tant de mystères, même pour ses plus fins connaisseurs ! N'empêche, quand je me retrouve au soleil, dans la mer, sans rendez-vous médical immédiat, je veux bien qu'il y ait quelques nuages gris dans le bleu du ciel, mais je savoure : mon horizon s'est éclairci.

Début 2012, je suis fatigué d'être l'ombre d'un homme. Mon corps me porte moins qu'il ne m'encombre. Je n'ai plus de muscle et, dès que je lutte pour me remettre en forme, j'ai des courbatures, j'ai mal aux jambes, je suis fatigué. J'ai besoin d'aide. J'engage donc un coach sportif. Comme nous avons des rendez-vous réguliers, plus question de m'échapper sur l'air du « Aujourd'hui, je n'y vais pas » ou « Je ferai ma séance demain ». Si on joue à ça, autant abandonner ! Le maître-mot de la remise en forme est la ré-gu-la-ri-té.

Mon entraîneur comprend que le projet immédiat n'est pas même d'aller trottiner. Je ne suis plus en état. Il me faut remplumer mon squelette. Un trottoir au trot eût été un trottoir de trop : mes genoux n'auraient jamais tenu ! Je dois d'abord reconstruire mon corps ; et ça se travaille avec de petits mouvements. Quand d'autres rêvent de soulever de la fonte, toujours plus de fonte, je lutte pour soulever avec mes jambes la barre sans ajouter de poids.

Heureusement, par nature et peut-être par (dé)forrmation professionnelle, je le répète et j'essaye de le prouver encore et encore : je suis tenace. Cette qualité a contribué à me sauver la vie dans les pires heures de la maladie, quand me taraudait la tentation d'abandonner ou de baisser les bras. Il est temps de la solliciter à nouveau. En guise d'encouragement, des progrès apparaissent et finissent par être couronnés de succès : quelques semaines après mes premiers exercices, je peux rechausser une paire de baskets, enfiler un short et un T-shirt, et m'essayer à un semblant de *footing* sur le remblai de La Baule.

Ma renaissance a franchi un cap.

49.
Le prix du rêve

Dans les premiers temps, je la joue profil bas. J'alterne une minute de course et une minute de marche. Albert Einstein et sa théorie de la relativité se rappellent à moi une fois de plus : la minute de course me paraît beaucoup, beaucoup plus longue que la minute de marche.

Pendant la minute de marche, je pense à tout ce que j'ai vécu pendant deux ans. Je m'enivre d'avoir survécu. Je m'étonne d'être là à faire du sport, au soleil, sans attendre la prochaine chimio, sans avoir un goût dégueulasse dans la bouche, sans rien d'autre que cette liberté incroyable d'être heureux et de regagner ma place parmi les humains. Puis, quand arrive la minute de course, la joie se dissipe et, dans mon cerveau, le doute s'installe : je me soupçonne d'avoir été un brin présomptueux en annonçant que, en 2014, je courrais et terminerais un Ironman.

Pour conjurer cette petite voix décourageante, je vais nager deux à trois fois par semaine. La natation est un sport porté, moins traumatisant pour l'organisme que la course à pied. Je reprends aussi le vélo. Je m'aventure dans des balades d'une heure et demie. « Balade » est le bon terme. Qu'importe si, vent dans le dos, j'atteins à peine le vingt à l'heure, je sais qu'il me faut y aller *piano* et, dans un premier temps, réapprendre à appuyer sur les pédales.

Or, le sport a ceci de magique que, même quand tu pars de très bas, dès lors que tu es régulier, tu constates les progrès. Celui qui court à vingt à l'heure, en s'entraînant, il ira peut-être chercher les vingt et un ; et celui qui court à cinq à l'heure, il atteindra bientôt les six. Qu'importe si le résultat reste terriblement modeste : la progression la plus petite est un espace qui éloigne de la maladie ; et cet espace, chacun de nous peut le créer en associant ténacité, persévérance et volonté. Le plaisir viendra de surcroît, mon expérience le garantit !

Par chance, j'ai toujours accordé ma confiance à l'avenir. À dix-neuf ans, quand je suis passé pro après deux ans en tant que « stagiaire » du FC Nantes, j'ai touché une prime qui me paraissait dingue – quelque chose comme deux cent mille francs. Je suis allé demander conseil au président de l'époque, qui avait investi dans des commerces sis sur les « Champs-Élysées » de Nantes. Dans ma famille, une telle somme d'argent, personne ne sait qu'en faire. Il me met en contact avec un gars qui vend des murs commerciaux, et j'achète un salon de coiffure rue Jean-Jacques Rousseau. C'est mon premier investissement. Tantôt, Georges Eo, à qui je racontais cette histoire autour d'un café, s'est gentiment moqué de moi :

– T'as dix-neuf ans et, toi, tu achètes un salon de coiffure !

– Ben oui, et tu sais quoi ? C'était un si bon investissement que, cinquante ans plus tard, je l'ai toujours !

Bien avant mon cancer, j'avais conscience que la vie pouvait s'arrêter du jour au lendemain MAIS j'avais aussi conscience qu'elle pouvait NE PAS s'arrêter le lendemain ; donc, si tu as tout pensé pour qu'elle s'arrête le lendemain ET qu'elle ne s'arrête pas le lendemain, tu fais quoi ? Quand tu es footballeur, tu peux vivre une vingtaine d'années super. Tu exerces un métier que tu aimes, des tas de gens t'admirent, tu descends dans de beaux hôtels, tu gagnes bien ta vie, tu pars en vacances dans des endroits de fou. Moi, je veux que ça continue même quand la fête se termine. D'où la question : comment ? Et la réponse n'est pas toujours simple... surtout à mon époque.

En effet, aujourd'hui, un bon footballeur n'a pas à réfléchir à son après-football. Il gagne tellement d'argent qu'il peut aider à vivre au moins cinq générations après lui. Ce n'était pas le cas dans les années 1970. Aussi devais-je chercher, en dehors des craquages trop humains, le placement sûr quoique rentable qui assurerait mon train de vie « après ». J'avais été élevé ainsi.

Quand j'avais commencé à me passionner pour le foot, j'avais voulu des paires de Puma (j'étais fier de prononcer « Pouma ») Riva. Luigi Riva était un joueur de Cagliari qui a notamment fini trois fois meilleur buteur du Calcio. Porter ces chaussures, c'était... c'était comme, plus tard, porter des Adidas Platini ou des Nike Michael Jordan ! Autrement dit, le rêve consistait à payer plus de cent fois ce que vaut leur fabrication pour être dans la *vibe*. Dans le magasin, c'est le choc. La paire devait valoir, en gros, deux cents francs. Mes parents m'ont regardé avec des yeux ronds et m'ont expliqué :

– T'es gentil mais, pour taper dans un ballon, on va pas t'acheter des chaussures à ce prix ! On va t'acheter des...

... et ils m'ont acheté des Pataugas à deux balles.

Qu'importe, j'aurai mes « Pouma », je l'ai décidé. L'été suivant, je travaille donc à la station-service de mon oncle. Avec mon salaire minime, mes pourboires de pompiste et les primes du patron, je peux payer mes « Pouma ». Je n'ose évaluer le temps passer ensuite à les bichonner pour qu'elles restent belles le plus longtemps possible ! Les *fans* de Carl Lewis qui ont acquis les chaussures griffées par leur idole – par exemple – en auront une idée…

J'ai gardé la leçon de ces expériences. Un sou est un sou. Avant de le dépenser, il faut le gagner ; et, quand tu le dépenses, il faut que tu sois sûr qu'il t'en restera assez pour que tu gardes la tête hors de l'eau après coup. Ce n'est pas parce que, quand la soirée se prolonge entre gens de bonne compagnie, je n'hésite pas à payer le champagne si les circonstances sont réunies, que je ne pense pas au lendemain. Au contraire ! En affaires comme dans ma vie de malade, mon optimisme et mes pensées positives n'excluent pas le doute…

Quand je reprends l'activité physique, je constate ce que je sais : je risque d'être un peu juste pour candidater à une sélection aux Jeux olympiques de Londres 2012. Ma lucidité n'est pas toujours le meilleur des stimulants. Par conséquent, j'oscille entre la satisfaction de pouvoir m'entraîner et l'effroi de voir d'où je repars. Ce n'est pas parce que l'on éprouve le ferme désir de devenir un sportif d'un niveau modeste mais digne que l'on n'éprouve pas l'impression que l'on n'y arrivera pas.

Dans ces moments-là, s'impose ma stratégie favorite, celle du pas-à-pas. Il faut se rappeler son objectif à long terme, et le traduire en petits paliers, comme un musicien décompose une partition difficile en petits blocs qu'il travaille séparément avant de les assembler. Ensemble, les petits blocs forment une montagne. Séparément, ce ne sont que de petits blocs. Alors, tenons bon, occupons-nous d'un bloc à la fois, satisfaisons-nous quand nous lui avons réglé son compte, passons au suivant… et nous progresserons, c'est forcé.

50.
Le cœur du réacteur

Le rapport entre santé et sport est évidemment plus complexe que ce que j'ai esquissé jusqu'ici. Le sport est formidable pour s'entretenir et pour aider son corps à rester en forme donc en alerte contre les maladies. Il est essentiel également d'un point de vue mental, par exemple pour nous stimuler à court et moyen termes ou pour nous aider à rêver en contemplant les performances des meilleurs. Hélas, le sport peut aussi devenir un danger pour la santé, par exemple quand il est mal pratiqué, quand il conduit tel ou tel adepte à des excès non maîtrisés, ou quand il abîme les corps au lieu de les ragaillardir.

Moi qui parle sans cesse de l'aspect positif du sport, moi qui sais combien, dans ma vie et dans mon combat contre le cancer, le sport a été essentiel, je ne peux pourtant pas jouer les naïfs éternellement ; et, pour proposer une vision plus équilibrée de la chose, je voudrais raconter une triple histoire de sport ensoleillée, qui se passe lors de mes vacances de l'été 1976 – car, oui, les sportifs professionnels sont des gens presque normaux : même quand ils aiment leur métier, ils ne détestent pas partir quelques jours ou quelques semaines en vacances !

Lors de ces vacances, le boulot n'est pas si loin que ça. D'une part parce que, si je m'autorise quelques écarts, je reste « modéré dans l'excès ». Je n'oublie pas que le retour au stade n'est pas si lointain, et je ne peux pas me permettre d'arriver dans un sale état. D'autre part parce que j'ai la joie de partager ces moments avec mon cher Henri Michel. En plus, ce sont des vacances triplement sportives !

Le 26 juin 1976, nous filons à Monaco car nous sommes en possession du Graal – ou d'une des formes qu'il peut prendre. En l'espèce, nous avons deux billets pour assister au premier combat entre Carlos Monzón et Rodrigo Valdés, sans doute les plus grandes pointures de l'époque. Gâtés, nous sommes même invités à nous installer carrément au premier rang des spectateurs.

Lors des combats d'encadrement, j'en prends plein les mirettes… en dehors du ring. Nous ne sommes entourés que de vedettes ! Je me retourne. Confirmation, il y a du lourd mais aussi du léger. Derrière moi, se trouve, un peu contristée, Marina Vlady, la menue créature dont Robert Hossein a joué les Pygmalion. La pauvre a hérité devant elle d'un grand escogriffe qui mesure un mètre quatre-vingt-douze. Galant, j'échange ma place avec elle, et je fais deux heureux d'un coup : l'actrice et mon copain Henri ! Relégué au deuxième rang (une place tout aussi exceptionnelle, évidemment), je n'en vis pas moins le combat à pleine intensité.

À cette proximité des athlètes, on ne peut qu'être frappé, le terme n'est pas trop fort, par la violence des coups, les giclures de sueur, la déformation des corps… Même foudroyé au quatorzième round, Rodrigo Valdés réussit, chose incroyable, à se relever et à tenir l'effrayante distance, interdite aujourd'hui, de quinze rounds ! Ces types sont extraordinaires. Comment peut-on faire son métier d'en prendre autant plein la poire ?

L'argent, y compris pour les vedettes, ne suffit pas à expliquer cette folie époustouflante.

Collé au ring, je suis scotché par la vitalité, l'énergie et presque la beauté du spectacle que nous offrent les deux représentants du « noble art ». La boxe est un sport bestial et magnifique, animal et élégant, monstrueux et esthétique. Le courage des deux phénomènes, leur tonicité, leurs déplacements, leur puissance, leur résistance, leurs réflexes, leur sens de l'esquive, leur finesse technique, leur lucidité tactique malgré la fatigue et, gâteau sous ces cerises essentielles, l'exceptionnelle volonté qu'ils démontrent nous transportent, Henri et moi, en dépit de la violence débridée des échanges.

Le deuxième volet de notre trilogie sportive se joue quelques jours plus tard, toujours dans le Sud mais, cette fois, dans le Var. Le 4 juillet, notre duo se retrouve au bord du circuit du Castellet pour le Grand prix automobile de France de Formule 1. Bien que je ne sois pas un spécialiste des sports mécaniques, je vibre avec fougue devant ces fadas qui risquent leur vie à près de deux cents à l'heure de moyenne et jusqu'à 297 km/h dans la ligne droite, des vitesses insensées ! Pierre Loctin, le commentateur de TF1, nous a filé des badges qui ouvrent toutes les portes. Nous furetons de ci de là et pouvons même glisser un œil dans les stands, dans le cœur du réacteur, au moment où chauffent, fument puis rugissent les moteurs…

Dans les tribunes et les paddocks, je me laisse éblouir quand Niki Lauda s'envole en tête de la course ; je sursaute quand on ne le voit plus parce qu'il a cassé son moteur ; je me tends quand nous apprenons que James Hunt, qui mène la course, est malade et pourrait ne pas terminer (que les lecteurs sensibles se rassurent, il terminera, gagnera et finira même par remporter de justesse le classement général du championnat) ; j'admire la dextérité de Patrick Depailler, même si sa voiture ne lui permet pas de lutter vraiment avec l'inaccessible *leader*. Si les débats techniques sur les différents déclassements provisoires occasionnés par des règlements imbittables me laissent froid, je me gorge au contraire de sons extraordinaires, d'odeurs enivrantes, de luttes passionnantes, de vertiges par procuration et d'émotions partagées avec Henri et avec les spectateurs qui nous entourent.

L'après-course est sportif à sa manière. En effet, le circuit du Castellet est situé en haut d'une colline. Dans la descente, après la course, Henri et moi voyons, ébahis, des gars qui roulent comme des billes. Après deux heures de course, beaucoup se prennent pour des pilotes de Formule 1 ! Cet étrange mimétisme fait écho au combat que nous avons vu quelques jours plus tôt, quand des spectateurs se sont mis à se battre de partout après le gong final. L'humain est parfois génial ; mais il faut reconnaître que, parfois, c'est juste un pauvre abruti doté d'une tête pleine de sable fin.

51.
La beauté des monstres

Après le Grand prix de France, pas question d'attendre que les tarés aient dégagé la route, car nous sommes attendus ! Dès le lendemain, nous avons rendez-vous à Bourg-d'Oisans pour la dixième étape du Tour de France, qui conduira les coureurs survivants jusqu'à Montgenèvre, dans les Hautes-Alpes, 158 km plus loin.

Nous sommes invités par Cyrille Guimard, un grand ami de Henri. Ça tombe formidablement bien car, le 4 juillet, au lendemain de la première journée de repos, Lucien Van Impe a profité de la première étape de montagne pour prendre le maillot jaune. Or, Van Impe appartient à l'équipe Gitane de Cyrille Guimard (oui, à l'époque, une marque de cigarettes pouvait sponsoriser une équipe cycliste...), ce qui signifie que la voiture du directeur sportif sera positionnée en tête de course. Nous allons être mieux placés que les présidents de la République !

Pompon sur le casque, l'étape s'annonce spectaculaire : un col de deuxième catégorie en milieu de course et trois cols de première catégorie répartis au long de l'épreuve sont au programme. Surtout, les deux meilleurs grimpeurs du moment, Lucien Van Impe et Joop Zoetemelk, sont dans un mouchoir de poche au général. Il est donc clair que ça va bastonner. Nous montons à tour de rôle dans la voiture de Cyrille et dans celle du docteur Philippe Miserez, médecin du Tour depuis 1971. Ainsi, nous sommes aux premières loges pour assister autant à la bataille pour la victoire qu'à la déréliction des coureurs largués tant la déclivité est forte, la chaleur épuisante et le rythme élevé.

Je me souviens en particulier d'un coureur croisé le matin, au briefing, qui paraissait plus que mal en point. Comme je m'y attendais, dès les premiers lacets, alors que je suis posé dans la voiture du médecin, je le vois zigzaguer, presque pleurant. Il est scotché au goudron comme un petit cycliste de plomb à son socle. Ce type qui est à l'évidence un excellent sportif – sinon, il ne serait pas sur les pentes du Tour… – passe l'une des pires journées de sa vie. Je m'attends à ce qu'il mette le clignotant et finisse l'étape dans une des voitures d'assistance de son équipe. Taratata ! Le gars parvient au sommet du premier col de première catégorie et fait la descente plus qu'à fond. À quelque quatre-vingt kilomètres-heure, entre deux lacets pris avec des risques insensés (je ne sais pas si un casque protègerait la boîte crânienne en cas de chute mais, à l'époque, les gars n'en ont même pas !), je le vois frapper du poing contre les véhicules des suiveurs afin qu'ils lui cèdent la priorité. Les types s'exécutent tant bien que mal, puis arrive le nouveau col. Rebelote, le cycliste galère. Il en reste trois. Pourtant, le mec s'accroche et défie la fatalité. Bien lui en prendra : il finira l'étape dans les délais.

Il y a deux façons de voir cet exploit, et aucune n'exclut l'autre. La première est irradiée par l'admiration et la reconnaissance. L'admiration pour la *grinta*, le refus de céder, la capacité de se dépasser infiniment. La reconnaissance pour l'exemple que donne ce sportif, et qui fait écho à ce que je vivais quand, laminé par mes traitements, je me battais en insultant l'encoche au plafond pour réaliser une série de deux abdominaux, persuadé que c'était ma manière à moi de vaincre le cancer – illusion, fantasme, délire, si l'on veut, et néanmoins outil pour m'aider, à ce moment, à ne pas m'abandonner totalement à la fatigue, au désespoir et à la peur de mourir. Partant, non, un sprinteur ou un grimpeur hors de forme qui galère dans les étapes de montagne, ce n'est pas un professionnel ridicule, c'est un humain qui respecte ses engagements, illustre le mot « dignité » et est en capacité de nourrir l'envie de se dépasser de ceux qui le voient lutter.

La seconde façon de lire l'exploit du coureur largué et celui des coureurs l'ayant largué est moins jubilatoire. En effet, 1976 est une période étrange, pour le cyclisme, où les accusations de dopage entachent sérieusement la réputation des athlètes. L'année où nous suivons l'étape, Cyrille lui-même déclare qu'on ne peut pas gagner le Tour sans « stimulants »… et son coureur, qui esquivera un contrôle quelques années plus tard, l'emporte. De même, le meilleur adversaire de Van Impe, Zoetemelk, avouera en 1977, lors d'un contrôle positif aux stéroïdes sur une étape alpine du Tour, que ce n'est pas la première fois qu'il « prend des produits ».

La tension existe entre la fascination absolue qu'exercent ceux qui sont capables d'avaler les milliers de kilomètres de la Grande boucle à des vitesses éclair, et l'incrédulité que dope, pour ainsi dire, chaque nouveau contrôle positif ou chaque moyenne mirobolante en fin d'étape. Au moment où j'écris ces lignes, à la veille du Tour de France 2022, l'équipe Bahrain Victorious est de nouveau sous le feu des projecteurs policiers, soupçonnée d'utiliser, entre autres joyeusetés, des produits surpuissants, non interdits, facilitant le relâchement musculaire et d'ordinaire réservés au traitement de la sclérose en plaque. Un métier qui exige de s'injecter des produits contre la SLA est-elle un bon choix d'activité saine à donner en exemple à tout un chacun ?

On le sait, le dopage est une réalité ancienne. Pas tout neufs non plus sont les soupçons liés à l'usage de la pharmacopée et au dévoiement de l'art médical dans la quête de la performance. Bien ancrées sont ces pratiques contestables tant auprès de certains sportifs amateurs que de certains sportifs professionnels, et pas seulement les cyclistes s'échinant sur les routes de l'Hexagone et d'ailleurs.

Alors, le sport qui fait rêver est-il compatible avec la bonne santé ? Lui donner un écho est-ce pas plutôt entonner un éloge du trucage malsain au nom du spectacle ? Peut-on prétendre sans ciller que le sport est bon pour la santé, et que les exploits des grands champions sont inspirants… quand on sait que, parfois, comme le chante Alain Souchon,

> Fanions, bannières, plaisirs et souffrances
> Entre les barrières, pass' le tour de France.
> La gloire a des chemins durs et abrupts.
> Pour monter l'machin, faut prendre des trucs

et qu'il nous arrive de bayer d'admiration devant des « menteurs amassant la fortune » tels ces « grimpeurs dans la tempête » n'ayant pas toujours « rien qu'des dos' d'eau claire / au fond d'la musette », selon un Francis Cabrel s'inquiétant du « sale temps pour la planète » ?

En tant qu'ancien sportif professionnel et en tant que sportif amateur, je dois reconnaître mon tiraillement. Comme beaucoup de spectateurs, je suis partagé entre l'envie d'admirer sans condition les cyclistes professionnels capables de nous procurer des émotions si puissantes au péril de leur vie, et la tristesse de savoir que quelques-uns voire beaucoup, si l'on relit les palmarès du Tour quelques années après, parmi les grands champions comme parmi les petites mains,

- faussent les classements,
- abîment nos rêves et
- se ruinent la santé

au nom du sport, du devoir, du *show* ou du *business*. Cela n'enlève rien à la folie euphorisante qui consiste à suivre de l'intérieur une étape du Tour de France, mais, *a posteriori*, cela rappelle que l'exploit ne justifie pas tout, et que l'émotion n'éteint pas toujours définitivement notre capacité de réflexion.

52.
La tourne de page

Pour moi, pas question d'hormones de croissance ou d'anabolisants, au contraire ! Par prudence, en juin 2012, quand l'entraînement me permet de trottiner doucement, je tiens à passer un premier test à l'effort au CHU de Nantes, au même endroit où l'on passait ces tests quand j'étais footballeur professionnel. La doctoresse qui me reçoit sent que je ne suis pas confit dans la nostalgie de l'ancien pro du sport que je fus. Alors, un sourire en coin, elle me propose de comparer mes résultats avec ceux que j'avais obtenus quelque vingt ans plus tôt. J'accepte.

Je sais que je vais grincer des dents, tant pis! j'ai tourné la page. Quand je regarde un match de foot, aujourd'hui, et que le gardien se fait trouer, je n'ai pas le réflexe de grogner :

– Quel sacré farceur ! Moi, j'aurais stoppé le cuir !

Non, merci, je connais la valeur du sport. Lorsque je vois les pros d'aujourd'hui, je pressens que, physiquement, ils sont dix fois meilleurs que nous l'étions. Quant à ma petite personne, je n'ai aucun mal à étalonner mon physique de 2012 par rapport à celui que j'avais dans mes grandes années nantaises. J'ai de l'amour-propre, mais ma lucidité sait l'atténuer quand il le faut !

Sans surprise, la comparaison entre les performances du footballeur professionnel et celles de l'ex-cancéreux confirme la célèbre vérité gaulliste, que j'augmente d'un petit codicille : la vieillesse *et la maladie* sont un naufrage. J'ai sombré corps et biens. Surtout corps, pour être objectif ! Jadis, je courais le 400 mètres en 58 secondes ; un 1000 mètres, je l'avalais en 3 minutes ; et je cavalais 3400 mètres en 12 minutes lors de l'épreuve que l'on appelle « test de Cooper ». Désormais, ma vitesse de seuil est à peine supérieure à onze kilomètres heure.

Baste, dans le sport, il n'y a pas de miracle – ou alors, c'est très mauvais signe. Mes résultats catastrophiques sont loin d'être une surprise… et même loin d'être une catastrophe. Aussi mauvais soient-ils, je les trouve encourageants. Ils s'inscrivent dans l'opération que j'ai lancée pour reconquérir mon corps et clouer son caquet à la maladie. Ce qui compte, pour moi, c'est de progresser. Je pars de très bas, soit ; je n'irai pas au plus haut, j'en conviens ; n'empêche que, chaque jour, j'ai le sentiment de progresser.

Mon objectif ? Courir dix kilomètres en une heure. Pas de quoi défier les champions d'Afrique de l'Est qui en avalent plus de vingt et un dans le même laps de temps ! À soixante ans, après l'épreuve que j'ai traversée, tutoyer de telles performances serait pour le moins suspect… Aussi tiens-je à me concentrer sur la dynamique de mon entraînement, sur l'horizon de mon défi, et sur le plaisir de me retrouver dans l'effort.

Mimi m'accompagne pour me soutenir. Au début, elle court un peu avec moi. Nous partageons des sorties à vélo. Ensemble, à chaque foulée, à chaque tour de roue, nous mettons le cancer derrière nous – on l'aura compris, c'est mon obsession. En prime, j'assume mon statut de pépé de soixante ans qui veut finir un Ironman.

Même cette perspective est à la fois très ambitieuse et très modeste. Très ambitieuse, car je suis faible physiquement, et je ne suis pas près d'avoir l'énergie nécessaire pour terminer un Ironman. Très modeste parce que… eh bien, alors que je suis certain que ce ne sera pas simple de terminer dans les seize heures imparties, je sais que les meilleurs mettront deux fois moins de temps que moi. En 2021, poussé par sa puissance et par le courant, Kristian Blummenfelt a parcouru la distance en sept heures et vingt et une minutes, en s'offrant même le luxe d'un arrêt-pipi… avant de renverser la barrière des sept heures en 2022, lors d'un événement presque plus publicitaire que sportif ! Mon âge non plus n'a rien d'extraordinaire : à soixante ans, beaucoup de triathlètes longue distance bouclent leur effort en treize heures ; et, à quatre-vingt-cinq ans, Hiromu Inada a bouclé un Ironman en moins de dix-sept heures.

Et alors ? Chacun sa vie, son niveau et ses rêves. Moi, je veux finir un Ironman. Quand j'étais au fond du trou cancéreux, je me suis promis que je me battrai pour y arriver ; et je suis du genre qui tient les promesses faites aux autres comme à lui-même !

53.
La relativité du foot

Septembre 2012.

Ça y est ! Je commence à ressembler à un sportif de soixante ans – plus à un zombie, pas à Superman, mais à un sexagénaire qui s'entretient. Alors, en cette fin d'été, je m'aligne sur le triathlon de La Baule, distance olympique, histoire de me remettre dans le grand bain. Quand les meilleurs mondiaux avalent l'histoire en moins d'une heure vingt, je prends trois heures pour en finir. L'objectif est de vérifier si je suis capable de nager une demi-heure ou trois-quarts d'heure en eau libre, enchaîner quarante bornes en vélo à vingt-cinq de moyenne, et conclure par dix kilomètres à environ neuf à l'heure. Vérification réussie. Ce n'est qu'une mise en route, mais c'est *déjà* une mise en route qui me confirme que je suis engagé sur la voie de l'Ironman.

Rodolphe, mon entraîneur de triathlon, me propose un programme d'entraînement spécifique comprenant une montée en charge progressive. Désormais, je dois être rigoureux, jusqu'à calculer mes temps de récupération. Avant le cancer, je gérais mes efforts de façon empirique. Par exemple, je partais en vélo et, si je me sentais bien après une heure, j'en rajoutais une ; à l'inverse, si je me sentais mou du genou, je n'hésitais pas à plier les gaules plus vite que prévu.

Début 2013, le ton change. J'ai un programme pour atteindre un objectif. Un vrai. Un grand. J'ai dix-huit mois pour me transformer en *finisher* potentiel d'un Ironman.

Les charges d'entraînement augmentent sensiblement. Les sorties de vélo atteignent les deux heures, même dans la pluie hivernale. Deux heures, c'est inconfortable mais ça reste supportable car je n'ai pas le temps de prendre froid. J'enquille les compétitions de préparation. Le 17 mai, je m'élance pour le *half* Ironman de Lanzarote. Le 15 septembre, je m'élance sur l'épreuve de La Baule, en distance olympique. Je finis un peu loin de Tony Moulai, qui gagne en moins de deux heures, mais je finis, c'est ce qui m'importe !

Le 23 novembre 2013, je m'emploie – avec succès – pour ne pas arriver dernier du triathlon de l'île Maurice après 1,8 km de natation, 55 km de vélo et 12 km de course à pied. Je boucle l'affaire en 5 h 26, soit 2 h 30 de plus que le vainqueur, Frédéric Belaubre. Pour un prétendant au statut de *finisher*, sous ses apparences modestes, cette bonne série augure du meilleur. D'autant que l'épreuve se déroule au sud de l'île et passe donc par la redoutable côte de Chamarel, dont la déclivité atteint par endroit les 15 %. C'est raide… et ça me rappelle de mauvais souvenirs.

En effet, en 2012, j'ai été obligé de poser pied à terre dans ce raidard, et j'ai crevé dans la descente. Malédiction conjurée ! Sans coup férir, j'enchaîne sur le même site avec la semaine Look, un événement organisé par cette marque de vélos.

Au cours du séjour, mêlant entraînement, détente et plaisir, nous sommes une quinzaine à bénéficier d'une organisation au cordeau. Tous les matins, nous nous retrouvons pour suivre un circuit précis, encadré par des motards ouvreurs et une voiture suiveuse, presque comme si nous courions le tour de France ! En guise de *coach* et partenaire de grand luxe, nous avons la chance de profiter d'une pointure absolue, en l'espèce Laurent Jalabert, ex-cycliste reconverti avec succès dans l'Ironman.

Je me souviens de la descente de la côte de Chamarel, entre les champs de canne à sucre. C'est un immense toboggan que l'on dévale pendant un kilomètre et demi, vertigineux et rectiligne. Le revêtement, parfait, rend la route encore plus rapide. En général, je ne prends pas les descentes à fond, jugeant que, à soixante ans, mes réflexes ne sont peut-être plus au top. Néanmoins, l'occasion est trop belle, donc je ne résiste pas à la tentation : je me lance et je ne freine pas. Je vois mon compteur s'emballer.

Cinquante…

Soixante…

Bientôt soixante-cinq à l'heure…

Cramponné au guidon, je me mets sérieusement à baliser quand je vois Laurent Jalabert se porter à ma hauteur. Le diable de bonhomme tient son guidon d'une main ; dans l'autre, il a un petit appareil photo avec lequel il m'immortalise ; et il me lance en rigolant :

– Hé-hé ! Jean-Paul ! Soixante-dix à l'heure ! T'es jamais allé aussi vite, je parie !

Crispé, les yeux fixés sur la route, je rugis :

– Mais ta gueule, casse-toi !

Je pense au petit caillou qui risque de m'envoyer valser s'il a la fâcheuse idée de se glisser sous mes roues.

Je pense que ce type est un grand déglingos pour penser à rigoler à une vitesse pareille.

Je pense que les cyclistes professionnels sont des phénomènes. Sinon, comment pourraient-ils avaler avec décontraction ce genre d'exercice ? Ils foncent au péril de leur vie, atteignant des vitesses plus que vertigineuses, tel Thomas Pidcock descendant le col de la Croix avec des pointes à plus de 100 km/h, lors de la douzième étape du Tour de France 2022 !

Bref, entre rigolades et frissons, je passe une semaine extraordinaire. Au repas, Jaja nous raconte des histoires de cyclistes ; moi, je glisse des anecdotes de fouteux, bien que ça me gêne. Quand on est footballeur, on se contente de taper dans un ballon. On ne monte pas quatre cols de première catégorie dans la même journée. On ne se tape pas deux cents bornes tous les jours pendant trois semaines, pour certains trois fois dans l'année. Nous sommes humains, nous.

Jaja ne partage pas mon opinion sur la hiérarchie des sports. Par exemple, il n'en revient pas que l'on puisse jouer devant cent mille personnes à Buenos Aires. Je lui explique, même si ce n'est pas tout à fait vrai, que ça ne change rien. Qu'il n'y ait que ton père ou ta copine dans les tribunes ou qu'il y ait des dizaines de milliers de *supporters*, le double défi est le même : ne pas prendre de pion et faire trembler les filets de l'adversaire. Lors de mes discussions avec les chanteurs qui côtoyaient Claude Lemesle, comme Michel Jonasz ou Tom Novembre, j'éprouvais le même étonnement de découvrir des gars vraiment curieux du ballon rond alors que, même quand tu as vécu de belles aventures humaines sur le terrain et dans les vestiaires, tu sais que ce n'est que du foot. La musique, c'est autre chose !

Hélas, la vie d'un *wanna be finisher* d'Ironman ne se passe pas qu'en rencontres joyeuses et huppées. Il faut aussi mettre des coups de collier. Conscient que les six premiers mois vont être difficiles, je m'accroche à l'idée que chaque effort m'éloigne du cancer et me rapproche de ma résurrection : le dernier mètre de l'Ironman de Nice qui m'attend fin juin 2014.

54.
La potion magique

Mon défi m'oblige à rester dans l'exigence maximale. Alors, le 31 décembre, lorsque la minuit sonne, je prends une coupe de champagne, je la vide et je déclare que je ne boirai plus une goutte d'alcool jusqu'au grand jour que sera le 29 juin.

Avant 2013, je ne buvais guère : jamais à la maison, plus d'alcool fort depuis le cancer, quelques verres lors des soirées entre amis. Toutefois, l'Ironman approche, et je dois être rigoureux à l'extrême pour mettre le maximum de chances de mon côté.

Malgré les railleries des copains quand nous nous retrouvons au restaurant, le *week-end*, je m'en tiens à ma décision sans déroger une seule fois… sauf au mois de mai, où j'accepte une demi-coupe de champagne à l'occasion du mariage de mon fils Mathieu. Je me doute qu'une coupe entière n'aurait pas ruiné ma préparation d'un point de vue physique. Néanmoins, pour le mental, ç'aurait été un coup très dur. Quand je serai en train de souffrir, dans la mer, sur le vélo ou pendant mon marathon, je veux pouvoir penser que j'ai fait le nécessaire pour réussir, donc que je n'ai qu'à serrer les dents pour mener à bien ma mission.

En tant qu'ancien sportif professionnel, j'ai toujours établi un rapport assez strict entre alcool et performance. Les deux mots sont importants : le rapport doit être strict, car l'alcool, en sus de ses effets délétères à haute dose, exige du corps beaucoup d'énergie pour l'éliminer, ce qui influe négativement sur l'énergie que vous pouvez dépenser sur un terrain ; mais il doit être *assez* strict seulement, quand les circonstances le permettent, parce que, tout sportif que je suis, je n'envisage pas de passer ma vie à me priver. La privation doit être justifiée par la quête de la performance, c'est-à-dire du dépassement de soi.

Je me souviens que, au mitan des années 1970, avant le début de la saison, je suis parti avec le FC Nantes à Munich, en stage de préparation. Au centre d'entraînement, toute l'équipe retrouve le Bayern, armé de pointures comme Sepp Maier dans les cages, Franz Beckenbauer en libéro ou Gerd Müller en avant-centre – de super champions du monde. Un jour, à l'une des pauses, les entraîneurs discutent entre eux et décident de monter un match amical. On se tire la bourre et, le soir, on mange ensemble. Sauf que nous, nous sommes presque au pain sec et complètement à l'eau.

Avec le père Arribas, qui plus est en début de saison, ça ne rigolait pas. En cours de saison, ça se détendait un peu : il autorisait de mettre deux-trois bouteilles sur la table avec interdiction de servir les autres. Selon lui, c'eût été pousser à la consommation. Celui qui veut se sert, mais gare à celui qui, dans un geste bien français, en profiterait pour remplir le verre de son pair. Aujourd'hui, il arrive encore que, lors de repas avec des amis, Mimi me regarde avec de grands yeux parce que – comble d'impolitesse pour les uns, réflexe respectueux pour moi – je me suis servi un verre sans en proposer à quiconque !

Nos collègues allemands, eux, commandent de la bière sans que Dettmar Cramer, leur entraîneur, ne proteste. Alors, les plus anciens Nantais, dont je suis, vont voir le *coach* pour négocier.

Après tout, nous, on boit de l'eau, on n'a jamais rien gagné ; Maier, Müller et Beckenbauer s'enfilent de la bière, et ils sont champions d'Europe ET champions du monde. Une chopine ne doit pas être si mauvaise que ça pour l'organisme, si ? L'entraîneur fronce les sourcils et finit par nous accorder une bière, « une seule ! », insiste-t-il.

Le lendemain, nous repassons à l'eau claire. Peut-être est-ce pour ça que, en 1978, nous n'avons pas été champions du monde !

55.
L'été de Saint-Martin

L'hiver 2013-2014 me renvoie à la dure réalité du climat nantais. À ce stade de ma préparation, je suis censé enchaîner des sorties de trois à quatre heures de vélo. De quoi doucher ma motivation. En effet, sortir trois à quatre heures en vélo à Nantes, en janvier, ça n'a rien ni d'aguichant ni de simple. Si, en Loire-Atlantique comme en Bretagne, il ne pleut que sur les cons, j'en suis un beau spécimen. Or, quatre heures de drache sur le râble, en termes de sécurité et de motivation, c'est moyen.

Comme à l'époque du FC Nantes, le salut passe par l'Argentine ! En effet, maudit chanceux que je suis – j'assume le pléonasme –, j'ai un ami qui a une maison magnifique en Patagonie. On se connaît si bien que, quand il vient à Nantes voir sa fille, je lui laisse ma demeure et file profiter de mon appartement à La Baule. Entendant mon désarroi devant les conditions météorologiques d'entraînement, il me souffle :

– Ben, viens chez moi ! Ici, c'est l'été…

Aussitôt proposé, aussitôt accepté. Nous faisons nos valises et filons vers l'été.

Certes, l'été à Saint-Martin des Andes, il faut un tantinet préciser le concept. On n'est pas à Marrakech au mois d'août – du reste, tant mieux, car ce serait remplacer une impossibilité de s'entraîner par une autre. Dans la même journée, ici, tu peux profiter des quatre saisons en à peine vingt-quatre heures. Le matin, le thermomètre grelotte à 5°C ; à onze heures, c'est l'printemps ; à quinze heure, c'est l'été, il fait 30°C ; le soir, l'automne est tombé, plus question de manger sur la terrasse en chemisette même si tu as mangé dehors à midi. J'ai l'occasion de m'habituer à cet étonnant climat local, puisque je m'installe pendant deux mois et demi dans les pantoufles de mon copain...

... et je me régale. Quand je me lève, je vais nager, car j'ai négocié avec les autorités de la petite ville où je réside de pouvoir aller m'entraîner une heure avant l'ouverture. À mon retour, la gouvernante de mon copain me prépare un petit-déjeuner aux petits oignons. Réconforté, je pars en vélo dans la cordillère des Andes. Personne à l'horizon. J'emprunte des routes sublimes. Je me souviens notamment de la route 60, celle qui traverse toute l'Argentine du Nord au Sud. Depuis Saint-Martin, quand on oblique à gauche, on file vers le volcan Lanín après être passé devant une guérite de gendarmes. Pour atteindre le volcan, il reste 90 km. Au total, pendant mon entraînement, je croise deux voitures, dont l'automobile des gendarmes qui effectuent manière de ronde.

Quelques jours après mon premier passage, j'adopte une nouvelle stratégie. Lorsque je passe devant la guérite, j'explique que je vais au volcan *et que je suis censé revenir*. Comme je ne vais pas toujours jusqu'au volcan, je leur dis :

– Si dans six ou sept heures je ne suis pas là, appelez les secours, vu que mon téléphone ne passe pas, là-bas...

Le tout alors que je ne parle pas une syllabe d'espagnol ! On saluera la performance des auditeurs...

Précaution utile mais pas indispensable car Mimi est au courant de mon parcours. Elle viendrait me chercher si j'étais trop long.

En natation aussi, je me régale. Quand le temps est beau, il m'arrive d'aller nager dans des lacs. M'en reste une image incroyable liée à ma technique de nage : lorsque je crawle, je respire du côté droit. Quand je traverse le lac dans un sens, je vois donc la chaîne de la cordillère. Je nage, je lève la tête et j'ai devant moi un spectacle exceptionnel. Quel saisissement !

Une émotion semblable m'étreint quand je vais courir ou marcher (par précaution pour mon genou en capilotade) pendant trois à quatre heures. La montagne sauvage m'émerveille. Mimi m'accompagne si je marche. C'est l'occasion de nous rappeler ce que nous avons vécu depuis mon diagnostic… et de nous souvenir des amis qui, eux, n'ont pas survécu à la même maladie. La vie est courte, la mort est injuste, il faut vivre à fond les bons et beaux moments. Même si le constat est banal, sa mise en pratique est compliquée et nécessite de fréquentes piqûres de rappel.

Mais il n'y a pas que la poésie, dans ma nouvelle vie. Je retrouve mes réflexes de sportif professionnel, fût-ce pour atteindre un objectif relativement modeste ! Je m'entraîne plusieurs fois par jour, je respecte des plans, je me bats pour me dépasser, comme un pro. De bonnes surprises agrémentent mes journées d'effort. Un jour, mon ami Franck, professeur au CHU, m'appelle. Il me dit qu'il va partir en vacances mais ne sait où aller. Je téléphone à mon hôte puis rappelle Franck : il n'a qu'à prendre un billet pour lui, pour son épouse Laurence et pour leur fils Armand, direction la Patagonie. La demeure est assez vaste pour accueillir deux couples d'amis.

Pendant son séjour, Frank m'accompagne lors de *footings*. Je lui explique en rigolant que, avant, je m'entraînais au triathlon quand je n'étais pas débordé par mon travail ; maintenant, je suis un triathlète professionnel au sens où je ne fais rien d'autre que m'entraîner, sauf quand le sport m'en laisse le loisir ! À vrai dire, j'ignore comment s'organisent ceux qui préparent un Ironman en travaillant et en ayant une famille à charge. Pourtant, j'en connais, de ces spécimens – j'en connais même un en particulier : Damien Boix, mon dentiste, qui a survécu à une tumeur au cerveau et s'adonne au triple Ironman, soit 11,4 km de natation (228 longueurs de bassin olympique !), 540 km de vélo et 126 km de course à pied (à Lensahn, en Allemagne, cela correspond à 96 tours de 1,319 km…). Dans cette discipline, les meilleurs s'en sortent en moins de 32 heures ; les amateurs, eux, ont 58 heures pour en terminer. Damien est tellement motivé par cette perspective que, après une rude journée de travail et quelques heures de sommeil, il se lève la nuit pour courir sur son *hometrainer*…

Moralité : il est probable et peut-être heureux que l'on soit toujours fou aux yeux de quelqu'un !

56.
Les saladiers de neige

En Patagonie comme en France, je ne relâche pas l'entraînement. « Relâcher » n'a jamais été le mot que j'ai le plus employé dans ma vie, ni de fouteux, ni de *businessman*... même si j'adore faire la fête, surtout avec des amis de longue date. Les amis de fraîche date, la vie m'a appris à m'en méfier !

Je me souviens d'une leçon apprise à l'autre bout du monde. Début juillet 1983, le FC Nantes part disputer un tournoi amical à Montréal avec le FC Nantes. Notre prochain match est prévu au stade olympique, le 4, face au Manic de Montréal. Dans le hall, nous poireautons en attendant les valises. Un Français, très sympa, nous aborde et, découvrant que nous sommes des footballeurs pro de son pays, nous invite à une « grande soirée » qu'il organise chez lui le soir même. Comme on est en fin de saison et que l'on a donc plus ou moins le droit de baguenauder, le soir venu, un collègue et moi acceptons.

– Parfait ! lance le type. Je vous enverrai une voiture pas juste devant votre hôtel mais au coin de la rue. Vous prenez à droite en sortant, et votre chauffeur sera là. On dit vingt-trois heures ?

On dit, on tope et on se réjouit à l'avance.

Après le repas, on se sape, on s'échappe, on prend à droite en sortant, on trouve le chauffeur, et on arrive devant une grande grille qui s'ouvre automatiquement. En surplomb, une énorme bâtisse apparaît. Note hôte nous accueille avec de grandes embrassades, ravi que nous soyons venus. Nous voici plongés dans une ambiance festive et mystérieuse. Sous des lumières soignées s'agite une foule essentiellement composée d'hommes chics et de magnifiques top-modèles. L'été nourrit une insouciance extravertie, peut-être un tantinet excessive.

Ça boit – ça a pas mal siroté avant notre arrivée, et ça n'a pas l'intention de s'arrêter en chemin ! –, ça danse, et nous commençons à nous sentir à l'aise quand, soudain, apparaissent des saladiers. Dedans, pas de sangria ou de punch. Juste des montagnes de poudre blanche, et ce n'est sûrement pas du sucre glace pour aromatiser le champagne ou le whiskey. Aussitôt, ça se met à sniffer de partout et, moi, je balise.

Que des gens se détruisent la santé en s'enduisant les narines, je trouve ça triste pour eux mais, ceux-là, c'est leur choix voire leur mode de vie. En revanche, s'il y a une descente de flics, il va s'en écouler, du temps, avant que l'on prouve que l'on est *clean* et que l'on a juste été invités à l'aéroport – tu parles d'une excuse crédible ! Je prends mon collègue par la manche et je dis :

– On taille.

– Attends, proteste-t-il, on vient d'arriver !

– T'as vu les saladiers ? Ça sent les emmerdes, faut décarrer !

Il regarde autour de nous et, à regret, comprend ma prudence. Nous filons à la grille qui, par chance, s'ouvre d'elle-même. Nous arrivons à repérer et héler un taxi. Dans l'habitacle, nous nous regardons, éberlués, et prenons conscience que, en nous aventurant dans un monde qui n'est pas le nôtre, nous avons pris un risque inconsidéré. En acceptant l'invitation d'un inconnu, nous étions à deux doigts de tomber dans un traquenard ourdi, presque innocemment, par celui que j'imagine être un baron de la drogue local. Soyons honnêtes : j'ai de meilleurs souvenirs de *fiesta* !

57.
Le sentiment d'appartenance

Deuxième trimestre 2014.

Loin des soirées olé-olé, des bouteilles vidées au goulot et des saladiers farineux, je rentre de Patagonie comme un pro après un gros stage. Je suis affûté comme une lame, et je n'ai qu'une obsession : continuer à travailler pour conserver cet état de forme jusqu'en juin.

Les séances me poussent dans mes derniers retranchements. Je souffre, mais je sens que je suis plus solide. Les progrès sont là ; ma volonté est intacte. Je suis concentré sur mes entraînements. Quand je sors avec Mimi, je fais attention à tout. Désormais, je me couche chaque soir à heure raisonnable ; et je continue de respecter à la lettre le plan édicté par mon *coach*. Ainsi, un mois et demi avant la grande échéance, je me rends à Aix-en-Provence pour un *half* Ironman qui me sert de répétition générale. Je ne suis pas le seul à adopter cette stratégie : les trois-quarts des concurrents ont la même idée en tête.

La compétition se déroule parfaitement à mon petit niveau. Je finis dans les cinq cents derniers comme c'était prévisible, mais, attention ! dans ma catégorie des soixante à soixante-dix ans, je finis parmi les quinze premiers… puisque nous sommes quinze à courir. L'important était de finir sans se blesser. Contrat rempli.

Je suis d'autant plus satisfait que j'adore l'ambiance de ces compétitions. Même s'il est plus technique que d'autres, je crois que le triathlon partage ce même esprit avec beaucoup de sports, notamment de sports d'endurance.

Quand tu te retrouves en combinaison, sur la ligne de départ, les différences sociales sont abolies. Tu ne sais pas qui a quel diplôme, qui fait quoi dans la vie ou qui possède combien de châteaux en Espagne. Les costumes sociaux sont tombés ; et, entre les sportifs professionnels et les sportifs amateurs, entre les rapides et les lents, il y a autant de respect. Moi, je suis bouche bée quand je croise un champion prestigieux – du genre qui a gagné l'Ironman de Hawaï –, sur l'aire de transition où nous stockons nos affaires ; et lui a conscience que, avec des enjeux différents, je vais aussi me battre, plus longtemps que lui, pour arriver, moi aussi, au bout du défi. Je suis sûr que notre respect est mutuel.

Cette empathie me rappelle le lien qui, à mon époque, unissait les gardiens. Ainsi, en 1978, en Argentine, l'équipe de France logeait dans le même hôtel que les Italiens, bien qu'ils fussent dans la même poule que nous. Inimaginable aujourd'hui ! Or, la veille de notre match contre la Squaddra, j'ai joué au billard avec Dino Zoff, le gardien adverse – et, croyez-moi, cela n'a en rien entravé ma volonté de contribuer à la défaite de son équipe le lendemain…

Le fait qu'il existe une confrérie des gardiens de but explique sans doute cela. Les passionnés de foot savent que notre poste est extrêmement exposé mais, nous, nous le vivons dans notre chair et je dirais même dans notre âme. Si le gardien commet une boulette, le ballon va au fond et la honte s'abat sur le joueur comme la misère sur le pauvre monde. Cette compréhension intime, physique, structurelle des enjeux que nous affrontons ensemble quoique à deux bouts opposés d'un terrain, crée une solidarité empathique qui dissout une grande partie des rivalités.

J'ai eu vent des bisbilles entre Fabien Barthez et Bernard Lama, en équipe de France. Lama aurait reproché à Barthez d'être le titulaire. Être déçu d'être le numéro deux, c'est éminemment naturel et sain ; cependant, si tu dois le reprocher à quelqu'un, hormis à toi qui n'as peut-être pas été aussi bon que ton concurrent, c'est au sélectionneur qu'il faut t'adresser. Le mec qui joue, c'est sa chance, pas sa faute !

Attention, on ne construit pas une carrière sportive en prétendant vivre dans ce mythique « monde des Bisounours » qu'il est de bon ton, de nos jours, de dénoncer à longueur de propos. Toutefois, ce genre d'électricité a toujours été absente de mes rapports avec Dominique Baratelli, André Rey ou Dominique Dropsy. Ça ne nous empêchait pas de nous entraîner comme des malades pour espérer rester calife ou le (re)devenir, mais il me semble que nous faisions la part des choses.

Nous savions que le *coach* prenait seul ses responsabilités. Nourrir des rancœurs à l'encontre d'un partenaire, par exemple parce qu'être titulaire permet de renégocier plus avantageusement nos contrats, cela n'entrait certainement pas dans nos modes de fonctionnement. C'était une tradition à laquelle nul d'entre nous n'aurait osé déroger. J'imagine que les tensions de 1998 marquaient la lente agonie de notre confrérie et le basculement dans une nouvelle ère, plus compétitive, où l'explosion des sommes en jeu, si elle bénéficie aux joueurs et à leurs agents, a forcément eu une influence tant sur

- les comportements individuels,
- le *fair-play* collectif et
- le sentiment d'appartenance à une équipe.

Jadis, même entre adversaires acharnés, la solidarité entre gardiens n'était pas un mirage. Je me souviens que, à l'issue du match où nous nous étions inclinés, Dino m'avait donné son maillot. C'était d'autant plus classe que leurs maillots étaient sublimes. Ils étaient gris, avec le col bleu, et taillés dans une petite laine très douce, très agréable. Dans les mois qui ont suivi, après avoir décousu l'écusson italien, j'ai joué de nombreux matchs à Nantes avec ce maillot ! Même après ma carrière, je l'ai gardé des années durant. Je me souviens que, en 1990, quand j'ai déménagé, il était dans mes valises ; et, quand je revenais de ma journée de travail en costard-cravate, c'est lui que je mettais en guise de T-shirt.

Ni haine, ni violence, confraternité oblige !

58.
Le poil des miquettes

Passé le test du *half* Ironman aixois grandeur presque nature, le dernier trimestre de préparation a un petit goût de soulagement. Les séances sont soutenues, mais le plus dur est passé. En dépit d'une douleur sporadique au tendon, je n'ai jamais été blessé. C'est la preuve que, bien conseillé et muni d'une grosse expérience en sport de haut niveau, j'ai trouvé la limite entre entraînement et surentraînement. C'est aussi la preuve que j'ai reconstruit mon corps. J'ai coché toutes les cases de ma *to do list*. Trois ans après, je me sens prêt.

Cependant, en contrepoint, une inquiétude sourde s'immisce en moi, tempérant mon optimisme. Un Ironman, c'est long. Tellement long que je n'ai encore jamais tenté d'escalader semblable montagne à l'entraînement. Dans ces conditions, celui qui prétendrait être sûr d'aller au bout parce qu'il est correctement entraîné serait un nigaud. Je préfère être moins que modeste : lucide, et assumer le fait que je vais me risquer dans l'inconnu.

Certes, j'ai nagé plusieurs fois trois mille huit cents mètres ; j'ai réalisé des sorties de cent quatre-vingt kilomètres de vélo ; j'ai parcouru la distance de marathons, soit ; pour autant, je n'ai jamais enchaîné l'intégralité de la natation, du vélo et de la course à pied. Comment mon organisme va-t-il réagir ? Être ambitieux est indispensable ; néanmoins, n'ai-je pas présumé de mes capacités ? D'aucuns auraient des raisons de le penser. Pensez, un sexagénaire qui se relève d'un cancer de stade 4…

J'entends la petite voix du doute, et je refuse de lui imposer silence. Elle m'indique la voie de la raison. Courir un Ironman n'est pas raisonnable, mais on peut s'y essayer raisonnablement. Dans cette perspective, l'important sera la gestion de l'effort en vue d'arriver au bout dans les délais impartis. Pour cela, je dois – toujours facile à dire ou à écrire, en sport, « je dois » ! – partir sur des bases régulières, ajuster le tempo en fonction de mes sensations et ne pas m'enflammer. En dépit de la rigueur de ma préparation, le coup de mou, le court-jus, la panne d'essence sont des éventualités que je serais faraud d'envisager à la légère, voire de glisser sous le tapis.

Car, voilà, je ne vais pas seulement tâcher de boucler un Ironman. Je vais aussi enfoncer un bon gros poing dans la sale gueule du cancer. Je ne cherche pas la performance en soi. Le petit exploit d'être *finisher* d'une course longue et difficile ne me stimule pas assez pour expliquer mon engagement corps et âme dans cet Ironman. Il me faut beaucoup plus que ça.

Tellement beaucoup plus, pour ainsi dire !

Ce que je veux, c'est avoir assez la rage pendant seize heures pour tourner la page et claquer la couverture. J'espère ainsi me prouver à moi-même que je suis derechef vivant et bien vivant. Moyennant quoi, j'espère aussi apporter une bouffée d'espoir à ceux qui, à leur tour, se battent contre le cancer.

Je ne me berce pas d'illusions. Je ne me raconte pas des sornettes sucrées à vous donner des haut-le-cœur. Je ne me la joue pas sauveur de l'humanité ou de mes frères d'hôpital. Même si je franchis la ligne d'arrivée, sur la promenade des Anglais, même si cela procure quelques secondes de joie aux patients qui sauront que *c'est possible*, même si certains d'entre eux savoureront cette victoire autant collective qu'individuelle contre le Crabe, inutile de rêver.

Les malades atteints du cancer ou d'une autre maladie terrible ne guériront pas par miracle. Je ne vais pas doper éternellement la volonté de ceux qui subissent leur traitement et se découragent tant ils souffrent sans voir le bout du tunnel. Ceux qui s'en sortiront n'auront pas tous la possibilité de courir un Ironman, à supposer que le défi les intéresse ! En revanche, je cours parce que je veux convaincre que nous pouvons nous battre, avancer, résister à la maladie et croire qu'un meilleur lendemain est envisageable… même si, parfois, révérence parler, il faut en chier au-delà du supportable avant de retrouver le sourire, l'espoir et la joie de vivre.

C'est ça que je veux prouver. Pour moi et pour les autres. Il ne s'agit pas « seulement » de boucler un Ironman et certainement pas de me prendre pour un humain de race supérieure – je sais trop que je n'en suis pas un, s'il en existe. Il ne s'agit pas non plus de donner de « belles leçons de vie » susceptibles de blesser ceux qui, plus épuisés ou plus blessés que je ne l'ai été, baissent les bras. Je comprends si intimement le découragement… Ce nonobstant, je désire leur prouver que l'espoir reste une option. Une belle option. Difficile, parfois. Aidante, toujours. Et pas absurde, y compris quand les nuages noirs paraissent boucher l'horizon.

J'y pense souvent, à l'espoir, à sa fragilité, à sa nécessité. J'y pense surtout pendant les sorties longues. Quand je pédale pendant quatre heures ou que je cours pendant deux heures, je rumine ce que j'ai vécu, j'anticipe ce qui m'attend, je fais le point. Je me rappelle dans quels tréfonds je suis tombé et quelle chance j'ai, aujourd'hui, d'être en capacité de relever dignement un défi osé mais positif ; et je constate que j'ai parcouru un beau chemin. Tâche à moi de concrétiser mes progrès.

C'est à cause de cet enjeu que j'ai un poil les miquettes à mesure que la date fatidique avance. Sportivement, un échec n'aurait rien de dramatique ou de honteux. Une partie des concurrents va abandonner. Si cela m'arrivait, je pourrais envisager de retenter ma chance ailleurs, plus tard. Dorénavant, j'ai la caisse, et l'entraînement qu'il faut n'a plus de secret pour moi. N'empêche, humainement, inutile de raconter des craques. Renoncer avant la ligne d'arrivée, quelle qu'en soit la raison, ça me dézinguerait. Donc je ne veux pas l'envisager, ou à peine, comme un vaccin : juste ce qu'il faut de poison pour ne plus craindre la maladie.

D'autant qu'un *fan-club* commence à se former autour de ma tentative. Pour lui non plus, je n'ai pas le droit de me rater. Des amis et des proches promettent de venir sur le parcours. Mimi fait imprimer des T-shirts siglés « ALLEZ JEAN-PAUL ! » en orange, couleur du Triathlon Club Nantais. La pression supplémentaire que m'apporte cette débauche de soutiens est un ressort puissant. Chaque fibre de mon corps a encore plus envie. À moi de jouer pour jongler entre le désir de bien faire et la nécessité de ne pas trop donner avant la ligne d'arrivée !

59.
Un voiturier pour mon vélo

Avril 2014.

L'heure des derniers réglages a sonné.

Je descends une première fois dans un bel hôtel de Nice pour m'entraîner sur place pendant une dizaine de jours. J'ai prévu de revenir en mai, après l'*half* Ironman d'Aix-en-Provence, histoire de prendre mes marques et quelques repères en termes de sensations. Le séjour *in situ* est un passage obligé si je veux optimiser mes chances de réussite, car le parcours vélo est très vallonné, avec de sacrés cols et, à Nantes, côté montagne, on est un peu sec. Je viens donc me frotter au col de l'Êcre et au col de Vence, notamment, tout en profitant du beau temps pour travailler natation et course à pied.

Lors de ce premier séjour d'avant-course, dès le lendemain de mon arrivée, je reviens de mon heure de natation avec ma combinaison sous le bras. J'essaye de me vider la tête après soixante minutes passées à me concentrer sur ma technique – tirer sur les bras, casser le poignet en le maintenant toujours plus haut que la main afin de bien pousser derrière, etc. Comme je ne suis pas un bon nageur, je m'efforce de toujours rester *focus* sur mes gestes tandis que j'ai la tête dans l'eau. En sortant de la mer, j'ai pris soin de sécher ma combinaison, de me changer dans les cabines à disposition sur la plage privée – pas question d'éclabousser les luxueuses parties communes ou d'y parader en tenue extravagante !

Pourtant, dans le hall, un homme au costume très chic m'interpelle. Aurais-je mal essuyé ma combi ?

– Je suis le directeur de l'hôtel, m'informe l'individu, et je suis ravi de vous accueillir, monsieur Bertrand-Demanes.

Je m'étonne :

– Bonjour, nous nous sommes croisés ?

– Non mais, moi, je vous connais ! En regardant la liste des arrivants, j'ai été très heureux de voir votre nom. J'ai fait mon service militaire à Nantes alors, pour moi, vous êtes une légende ! Que nous vaut l'honneur de votre séjour ?

– Je viens finir de préparer l'Ironman.

– Oh ! Mais comment vous débrouillez-vous, avec votre vélo ?

– Eh bien, il est avec ma voiture, au garage. Je vais le chercher le matin, et…

– C'est fastidieux. Vous ne devez pas vous embêter avec ça ! Montez votre vélo et confiez-le-moi. Nous allons le mettre dans une pièce sécurisée et, quand vous en aurez besoin, nous vous l'apporterons.

Un peu étonné, j'accepte ; et c'est ainsi que, tous les matins, quand je descends en tenue (moins les chaussures, afin que les cales n'abîment pas le revêtement du sol), le voiturier – enfin, le véloturier – va chercher ma monture et me l'apporte devant des personnes d'âge respectable déjà sur leur trente-et-un. Si je ne finis pas l'Ironman, avec des conditions pareilles !

D'autant que, plus approche l'échéance, moins l'entraînement devient essentiel. L'organisation méticuleuse prend le dessus. Préparer son matériel, notamment, est vital. Cela part de loin : les chaussures de course doivent avoir été portées environ six mois pour épouser la forme des pieds et les habitudes de course sans, pour autant, être usées. Le vélo doit subir une révision générale dans les semaines qui précèdent la course. Je me suis entraîné pendant trois ans, ce n'est pas pour que la chaîne casse au bout de cinquante bornes...

L'alimentation, indispensable pour éviter la fringale durant les seize heures d'effort, doit avoir été testée au cours des sorties. Quand tu fais du triathlon longue distance, tu manges en permanence ; à toi de voir ce qui te réussit le mieux, entre gels, fruits secs, barres, etc. L'ensemble de ces petits détails – qui sont loin d'être des détails – doit avoir été répété en compétition. Au *half* Ironman d'Aix-en-Provence, j'ai pu exécuter les gestes que j'exécuterai à Nice. Ainsi, mon protocole d'alimentation est fixé. Je sais ce que je dois prendre et ce que je suis capable d'ingérer – par exemple, en vélo, une demi barre de céréales toutes les vingt minutes.

Sur des épreuves aussi massives qu'un Ironman, pas question de s'amuser à improviser. Ce serait prendre le risque de réduire à néant des années de préparation sans en tirer le moindre bénéfice !

L'obligation d'être méthodique ne me dérange pas. Elle est plutôt rassurante, dans un moment où le stress semble monter de jour en jour. Ce systématisme implacable me rappelle les moments où je préparais mon sac avant d'aller jouer en Coupe d'Europe ou en équipe de France, rassemblant crampons, chaussettes, protège-tibias, maillot d'échauffement, maillot de compétition, et affinant le contenu le jour J en fonction des prévisions météo. L'objectif est le même : anticiper, être sûr de ce qu'il y a dans le sac, partir l'esprit tranquille pour, le jour de l'épreuve, ne plus avoir à penser qu'à la compétition.

L'effet n'est pas très différent non plus. Que ce soit pour jouer une Coupe du monde ou pour affronter le défi de sa vie, le protocole millimétré rassérène et fait monter l'excitation. Désormais, j'ai peur et hâte à la fois – peut-être le meilleur *cocktail* de sentiments que je connaisse !

60.
Le rêve des fauves

La veille du triathlon, mon *fan-club* a pris ses quartiers. En début de soirée, je retrouve la joyeuse bande pour dîner sur la promenade des Anglais. J'ai prévenu que, à vingt-deux heures, je sacrerai le camp. Le lendemain, le réveil sonne à quatre heures et demie pour un départ vers sept heures, et j'ai besoin de trouver le sommeil avant la rude journée qui m'attend.

Évidemment, je me tiens à mon programme. La joie d'être entouré et le plaisir d'être sur le point de concrétiser trois ans de préparation ne peuvent rien contre mon exigence. Un sain mélange d'excitation et de stress m'habite. Il me ramène à mes années foot où je n'ai jamais dérogé à une règle : quand une échéance importante se profite, le sport prime. Sinon, très vite, professionnel luttant pour te maintenir au top niveau ou amateur te coltinant un Everest, tu gâches tes chances et tu deviens ni plus ni moins qu'un triste rigolo.

À quatre heures trente, le réveil me tire de mon sommeil. Le grand jour est arrivé. Ça pique quand même.

Dans ces moments, en bon sportif, je mets les dernières chances de mon côté. Moi qui ai gardé de mes années d'entrepreneur la conscience de mon apparence, je ne me rase pas. La légende dit que le rasage diminue l'influx nerveux. Pas sûr qu'avoir le visage lisse empêche vraiment de réaliser une performance – dans le doute, je ne cherche pas à le vérifier.

Je prends ma douche pour finir de me réveiller, puis je descends dans la salle du restaurant. Je ne suis pas seul. De nombreux triathlètes venus de toute l'Europe et des États-Unis sont en train d'ingurgiter le petit-déjeuner spécialement prévu par l'hôtel à notre intention. Nous nous jaugeons du coin de l'œil. Certains jeunes font le double de moi en largeur : de véritables golgoths !

Par leur attitude dominatrice plus que par leur physique, faut-il le préciser ? ils m'évoquent Maradona, que j'ai croisé à Bordeaux, lors d'un tournoi organisé par les Girondins. El pibe de oro jouait à Barcelone, à l'époque, et je n'ai pas eu l'honneur de croiser le fer avec lui car, pour cette compétition secondaire, l'entraîneur avait choisi de laisser du temps de jeu à mon remplaçant. En le voyant toucher le ballon, accélérer, solliciter ou sentir les appels de balle, il était évident que, même sans la main, ce footballeur était exceptionnel. Il y avait lui et les autres.

Quand certains sportifs deviennent des superstars, il est courant de soupçonner un effet *marketing* fomenté par des entourages gourmands et une presse paresseuse. Parmi les vedettes impossibles à surcoter tant elles survolent leurs collègues, Maradona se posait là. Nous n'avons pas eu l'occasion de nous croiser, mais Jorge Burruchaga, son bras droit en équipe d'Argentine, m'a beaucoup parlé de lui, suscitant en moi deux regrets : n'avoir pu partager quelques moments en sa compagnie ; et avoir découvert les circonstances de sa mort qui, un an après les faits, au moment où je termine ce livre, valent à huit « professionnels de santé » d'être poursuivis pour homicide involontaire. Quelle tristesse !

Comme avec Maradona, je me contenterai d'apercevoir les golgoths. Nous nous reverrons au départ, puis nous nous perdrons rapidement de vue…

Dans la pièce règne un étrange silence. Quelques triathlètes essayent d'échanger des banalités rigolardes. Cependant, cet effort de courtoisie augmente à sa manière la tension presque palpable. Chacun est dans sa bulle. Les uns pensent à la performance qu'ils espèrent réaliser ; les autres, dont je suis, se préparent à affronter leur moment de vérité.

Tous, nous avons consenti des efforts considérables afin de nous sentir dignes de participer à l'événement. Flotte donc un bizarre sentiment contradictoire, mêlant la confraternité entre semblables et l'égoïsme indispensable à la concrétisation

- d'un entraînement,
- d'un projet et
- d'un rêve.

J'ai l'impression que le trouillomètre de l'ensemble des mangeurs de pâtes est à zéro. Les quelques mots que nous échangeons se dissolvent rapidement. Personne ne veut perdre d'énergie à maintenir un semblant de conversation. L'heure est sinon grave, du moins profonde.

Bien sûr, à l'aune de la misère qui frappe tant d'humains, il peut paraître choquant de parler de « gravité » ou de « profondeur » à propos d'une compétition sportive dont le résultat ne va pas changer la face du monde. Que je relève mon défi ou que je m'écroule en cours de route, quelle importance ? Une grande importance, justement !

Penser autrement serait ne rien comprendre à la pratique sportive. Le sport va au-delà du sport. Il dépasse son utilité physique et son rôle sur notre santé, qui n'est pourtant pas négligeable. Il dépasse même la délicieuse communion qu'il crée entre les êtres, pratiquants ou spectateurs, fût-elle animée de frictions entre les clans. Il grandit celui qui s'affronte.

À l'entraînement ou en compétition, la pratique sportive n'apprend pas seulement l'humilité. Elle pousse aussi chacun à se surpasser, à tester ses limites et à se découvrir plus grand, plus fort et plus humain qu'on ne le croit. Chacun affronte ses défis. Chacun les formule selon sa problématique du moment : trouver un but à sa vie, impressionner une jolie minette, effacer une déception, oublier les soucis quotidiens, se prouver que l'on n'est pas fini, que l'on est capable, que ça vaut la peine de tenter, de travailler et d'oser…

Voilà ce que j'appelle « être dans sa bulle » : non pas être indifférent aux autres, mais se concentrer sur le sens substantiel, pour soi, du défi que l'on s'apprête à relever.

Quand je remonte dans ma chambre, c'est ce que je ressens, bien que la dimension presque métaphysique de ce qui m'attend s'exprime par des gestes très concrets. Le moins poétique, le plus concret et pas le moins précieux, consiste à profiter de l'emplacement de mon hôtel, très proche du départ, pour m'élancer plus léger. Ainsi, je n'aurai pas à profiter des quelques toilettes mises à la disposition des centaines de concurrents. Luxe non négligeable, même quand on n'est pas spécialement une mijaurée vite effarouchée, tant la disproportion entre le nombre de lieux d'aisance et le nombre de sportifs peut poser quelques problèmes aux triathlètes mois chanceux que moi…

Ensuite, ma combinaison sur moi, un survêtement par-dessus, je prends le sac contenant mes précieuses affaires. Une dernière fois, je vérifie que j'ai mon dossard, mon badge et mon bracelet récupérés la veille ; et je gagne la zone de départ où ces éléments de contrôle me permettent de pénétrer.

Mon vélo est dans le parc *ad hoc*. Je sors ma pompe pour gonfler les pneus. En effet, quand tu déposes ton bolide à 14 h, alors qu'il fait 35°, il te faut dégonfler les boyaux afin d'éviter les mauvaises surprises allant de la déformation à l'explosion… En pompant, je renoue pleinement avec mes rituels habituels de triathlète. Ils m'aident à entrer définitivement dans la peau du compétiteur et me rappellent que, même si je n'ai jamais fait d'Ironman, j'ai quelques notions de triathlon !

L'arrivée progressive des *supporters*, tenus à distance par un grillage de sécurité, me rappelle aussi trait pour trait les sensations de mes plus grands matchs de football avec les Bleus. C'est bon de sentir cette union entre ceux qui vont lutter et ceux qui vont les encourager. Porté par cette ambiance matinale hors du commun, je me dirige vers le sas de départ avec plus de soulagement d'en découdre que d'inquiétude de souffrir.

À l'époque où j'écris ces lignes, le processus qui accompagne le début de la course a changé. Désormais, les concurrents s'élancent par vagues. Les professionnels partent en premier ; puis les triathlètes choisissent le petit couloir qui correspond à la performance qu'ils visent en natation, et ils partent vingt par vingt. En 2014, la ligne de départ mesure trois cents mètres de long. Tout le monde attend le long de la plage, et tout le monde part en même temps.

Prudent, je ne me positionne évidement pas en première ligne. Pas envie que des centaines de gars me montent sur le dos dans la bagarre initiale ! Cependant, même derrière, l'excitation est telle que ça secoue. Il va falloir viser les bouées en allant le plus droit possible. Vue la foule, ce sera compliqué. Le stress remonte d'un cran, surtout chez ceux – dont je fais partie – pour qui la nage n'est pas la discipline de prédilection.

Autour de moi, la tension devient électrique. Des mecs se poussent et commencent à s'invectiver. L'échauffourée est proche. La fête menace de tourner vinaigre. J'interviens pour rappeler une évidence aux collègues :

– Hé, les gars ! On a choisi de se placer ici parce qu'on n'est pas des pros de la natation. C'est pas maintenant qu'on va faire notre perf. Alors on se calme et on évite de se mettre des mandales dans la gueule, d'accord ?

Un temps d'arrêt précède la rigolade. Danger écarté. Nous pouvons retourner dans nos petits mondes intérieurs. C'est alors que la corne retentit et libère des milliers de fauves qui s'élancent à la poursuite de leur rêve…

61.
Le brasier merveilleux

Jour J, 6 h 30.

Premier défi : la natation. Près de quatre kilomètres divisés en deux boucles, une grande et une moyenne – j'avais écrit « petite », mais mille quatre cent mètres, après plus de deux bornes dans la mer, à mon niveau, ce n'est pas « petit » ! Heureusement, la combinaison augmente ma flottabilité. En quelque sorte, elle me porte. Pour les mauvais nageurs, c'est une aide précieuse qui nous permet de ne pas avoir les jambes en bas, ce qui ralentirait de façon considérable notre progression. J'en tire bénéfice et sors de l'eau – un lac étale, cette Méditerranée ! – en une heure vingt, un résultat meilleur que ma meilleure estimation.

Je n'ai pas pris de coup, je n'ai pas forcé, j'ai bien placé ma nage et je suis rassuré de ne pas sentir la fatigue. Comme je sors de l'eau, je peux dire que je suis frais comme un gardon. Quand je gagne l'aire de transition pour récupérer mon vélo, j'ai la banane. Mathieu me montrera plus tard une photo qu'il prend pour des amis qui n'ont pu venir. Sa légende : « Papa a encore le sourire, mais pour combien de temps ? »

Pour l'instant, ça va, merci. Lors de la transition, comme je n'ai pas l'intention de jouer la gagne, je prends le temps de m'essuyer. Pour être confortable, je n'ai pas mis ma trifonction de cycliste sous ma combinaison. Je vais presque tranquillement me changer dans les tentes prévues à cet effet. Je pars pour sept heures de vélo au minimum et je ne veux pas risquer un échauffement à l'aine ou toute autre facétie qu'un excès d'humidité pourrait entraîner. Là où les bons se changent en moins de deux minutes, je concède dix-sept minutes. Au point que, à mon retour à Nantes, mon entraîneur, qui suit ma progression sur Internet grâce au système de localisation par puce proposée par l'organisation, me demandera si je suis allé manger un bout au restaurant après avoir nagé !

N'empêche, mon choix se révèle payant. Sur mon vélo, le deuxième acte de la trilogie se déroule lui aussi sur du billard. Un billard un brin longuet, mais conforme à mes prévisions. Malgré les deux cols qui cabrent la route avec férocité, malgré la pluie qui rend la descente du col d'Êcre particulièrement périlleuse, je maintiens mes vingt-cinq à l'heure de moyenne, claquant un temps de sept heures qui cadre avec mes plus belles espérances. Mon très bon parcours vélo gonfle mon moral à bloc, d'autant que ma préparation paye : je suis en forme, je n'ai pas de douleurs particulières et je me sens d'attaque pour le marathon qui m'attend… et qui m'angoisse.

Jusqu'alors, je n'ai jamais couru une telle distance en compétition. Pour une première, après avoir consenti auparavant huit heures trente d'effort, ce n'est pas une broutille ! Alors, j'applique mon plan, qui consiste à partir « doucement au carré » : je pars doucement par prudence, mais je pars *encore plus doucement* que ce que je pense être doucement, parce que, bientôt, le « doucement » du début me paraîtra presque rapide ! Les marathoniens novices me comprendront…

Quatre boucles m'attendent. Le parcours débute en haut de la promenade des Anglais, du côté de l'hôtel Méridien, et file vers l'aéroport.

La première boucle glisse sur moi comme un pet de pingouin sur une plaque de verglas – même pas mal. La deuxième entreprend de me rappeler que, ainsi que je le savais, je ne suis pas un coureur à pied. Les pattes grincent un brin, donc le cerveau s'en mêle et me souffle que le pire est à venir. Il a des arguments : au-delà du semi-marathon, pour moi, c'est l'inconnu.

Heureusement, alors que je lutte contre la prolifération de pensées négatives, je reçois un soutien de poids. Damien, mon copain dentiste et triathlète, a terminé l'épreuve depuis belle lurette. Quand j'entre à peine dans le dur, il est douché de frais. Son sac sur le dos, il m'accompagne pendant quelques foulées. Un peu dans le vague, je lui demande si j'ai une chance d'arriver dans les délais. Il éclate de rire et me lance :

– Mais t'es fou, Jean-Paul ! T'as même le temps de faire une sieste, si tu veux !

Pour moi, c'est une décharge électrique. La gamberge s'atténue, la confiance revient. Hélas, la douleur ne disparaît pas pour autant. J'opte donc pour une alternance de marche et de course. Jusque-là, je ne marchais que le temps de me ravitailler aux stands prévus à cet effet, soit cent mètres tous les mille sept cents mètres mètres (un triathlon, c'est long et précis à la fois !). Je mange un quartier d'orange, je bois un coup, je fais baisser mes pulsations cardiaques et je repars en trottinant, avec un objectif : tenir au petit trot jusqu'au prochain ravitaillement.

De la sorte, j'évite de penser aux vingt-cinq bornes à parcourir. Je prends ce calvaire infini comme une succession de mille sept cents mètres. Dès la troisième boucle, la marche prend une part beaucoup plus importante. Ma moyenne explose en vol. Ces vingt derniers kilomètres sont une catastrophe sportive interstellaire. Pourtant, je m'en fiche. Je veux aller au bout. Je veux tenir les délais. Je tiendrai. C'est ce que je me répète pendant le moment terrible de la quatrième boucle.

En réalité, je me fiche de tout quand, pour la quatrième fois, j'arrive devant l'endroit fatidique – celui où la piste se divise. Tout droit, c'est l'enfer d'où je viens ; à droite, c'est le paradis de la ligne d'arrivée. J'ai gagné mon billet pour le paradis.

En luttant contre mon corps et avec lui, en forçant mon mental pour être plus fort que la souffrance, j'ai enfin gagné le droit d'emprunter les trois cents mètres qui mènent au Bonheur Suprême. Cette simple perspective est miraculeuse. Voilà quinze heures que je m'active, une bonne flopée d'heures que je déguste à n'en plus pouvoir et, d'un seul coup d'un seul, je ne sens plus rien.

Plus une courbature.

Plus un muscle rebelle, un tendon grincheux, un bout de carcasse qui grogne.

Je ne suis même plus essoufflé.

Je flotte.

Je ne vais pas, je ne cours pas, je vole. Dingue comme, parfois, la tête commande !

Donc je m'avance sur la dernière ligne droite. Bien que les premiers soient arrivés depuis de longues heures, une foule en folie est encore agglutinée derrière les barrières. À quelques curieux obstinés s'ajoutent les familles des derniers concurrents, qui vous acclament avec autant d'enthousiasme que si vous alliez remporter l'épreuve ou, mieux, comme si vous étiez celui qu'elles attendent. Pour jeter de l'huile sur ce brasier merveilleux, le *speaker* m'aperçoit. Il reconnaît mon nom sur ses fiches, car on s'est croisé à l'épreuve de l'île Maurice où il officie également. Plus qu'à moitié ivre de joie, j'entends la musique techno qui déferle à fond les ballons et le présentateur qui s'égosille :

– MESDAMES ET MESSIEURS, BERTRAND-DEMAAAAAANES EN TERMINE ! BERTRAND-DEMAAAAAANES !

Je franchis la ligne. On me tend une médaille, une serviette, une bouteille d'eau. Sur le moment, je ne prends rien… car les organisateurs m'ont fait une fleur. Ils ont laissé entrer dans le sas d'arrivée ma femme, mon fils et mes amis les plus proches. Ils se jettent sur moi un mètre après la ligne. On se tombe dans les bras. On chiale à grands seaux. On se parle d'amour sans avoir besoin de mots. De toute façon, il n'y a pas de mots. Il n'y en a plus. Nous ne partageons même pas *un* moment exceptionnel : ce moment-ci est au-delà du moment que nous vivons. C'est un cyclone qui mélange des milliards de moments en un éclair, une tornade où les sentiments les plus forts et les plus contradictoires se fondent au creuset d'une joie absolue.

Le temps n'existe plus.

La Terre ne tourne plus.

Le monde s'est arrêté.

Aujourd'hui encore, en écrivant ces lignes, j'en tremble. Tant pis si cela semble égoïste ou prétentieux, je ne veux pas le nier. Oui, en me ressouvenant de ce *flash* qui rassemblait tant de malheurs, tant d'efforts, tant de rage de claquer la porte sur les doigts du cancer, pour moi et pour tous ceux qui n'ont pas eu et n'auront pas cette chance, les larmes me montent aux yeux. Si l'éternité n'est pas un moment qui dure toujours mais une déflagration dont l'intensité inouïe ne se résorbe jamais, je peux en témoigner : l'éternité existe, je l'ai éprouvée en finissant l'Ironman.

62.
L'au-delà du réel

Après le triomphe, le bonheur continue. Je récupère mon T-shirt de *finisher*. Je souffle un instant. Je rentre à l'hôtel. Je me douche – la meilleure douche de mon existence. Puis je gagne un salon de l'hôtel que j'ai privatisé afin d'y partager un buffet avec mes *supporters*. Enfin, je ne gagne pas vraiment ce salon : disons que je m'arrache jusqu'à cette pièce. Depuis ma chambre, je descends les escaliers à reculons. Mes jambes sont prises dans du béton. Pas question de les plier. Je suis flingué de partout. Je me fais violence, mais quelle douce violence !

Physiquement, je suis fracassé. Toutefois pas au point de ne pas festoyer jusqu'à deux heures du matin. Certes, je ne bois pas une goutte d'alcool car, après un tel effort, ce serait une catastrophe. Pour autant, je n'échappe pas à l'obligation du petit discours. Pourquoi m'y soustrairais-je ? Ceux qui sont devant moi, ce soir-là, je sais ce que je leur dois.

Quand ma vie a basculé, quand la Faucheuse a posé une main sur mon paletot pour m'entraîner avec elle dans les abysses, quand je n'étais même plus capable d'être l'ombre de moi-même car j'étais si fluet et si vide que je n'avais plus d'ombre, chacun des amis présents m'a sauvé à sa façon. Ce n'est même pas que, sans eux, je n'aurai pas terminé un Ironman ; juste que, sans eux, je serais mort depuis deux ans.

Au moment où je prends conscience de ça, ma gorge se noue. (J'avais écrit : j'ai une boule dans la gorge… mais non, merci, j'ai donné.) Je me rends compte pleinement que j'ai failli mourir ; depuis deux ans, je suis un survivant ; aujourd'hui, je redeviens un vivant parmi les vivants. Cela n'éteint pas évidemment pas ma reconnaissance envers amis et soignants, mais cela me permet de me projeter vers la suite de la vie… qui commence par une nuit de sommeil aussi endolorie que bienvenue !

Le lendemain du triathlon, les amis s'égaillent et regagnent leurs pénates. Moi, j'avais prévu le coup et prévenu Mimi que nous ne repartirions que le surlendemain.

Par conséquent, le jour d'après le grand jour, après avoir traînassé, je décide d'aller nager une dizaine de minutes pour me détendre les jambes. Sauf que j'ai du mal à marcher, et la plage de Nice est constituée de gros galets qui font mal aux pieds… et qui débouchent sur une déclivité assez raide. Pas de problème pour aller barboter ; en revanche, au moment de remonter sur la plage, je cherche presque un treuil des yeux car je n'arrive pas à remonter. J'ai trop mal aux jambes !

Par chance, un peu plus loin, j'aperçois une sorte de rampe. Je m'y accroche et, tirant sur mes bras, je parviens à me sortir de ce mauvais pas. Tu parles d'une vedette…

Passée cette première phase, qui m'oblige à serrer les mâchoires, la récupération s'opère tranquillement, et je peux commencer à penser à la suite. J'ai lu que, parfois, quand tu as été cancéreux et que tu sors du protocole de soins parce que tu es en rémission, une période bizarre s'ouvre. Les rendez-vous hospitaliers s'effacent et peuvent, chez certains, laisser un sentiment de vide, voire un gouffre. J'ai eu la chance de ne plus être obligé de travailler et de remplacer cette occupation alimentaire par un grand projet sportif. À présent que ce grand projet a abouti, je peux me concentrer sur le second rêve que j'ai échafaudé pendant ma maladie.

À force de regarder des vidéos de gars qui voyagent autour du monde, j'ai repéré une agence basée à Paris. Je l'appelle pour parler de mon projet de tour du monde. Je désire qu'il soit axé sur l'Asie et l'Océanie car, d'une part, je connais un peu l'Amérique du Nord et je rêve de découvertes totales ; et, d'autre part, je ne souhaite pas me disperser en voyant d'un coup tout ce que l'on peut voir. Bref, je ne veux plus organiser un tour du monde, plutôt un grand et beau voyage.

Le premier contact téléphonique me convainc que les gens que j'ai sélectionnés sont sérieux. J'arrête donc la conversation et je leur propose de monter à Paris pour les rencontrer. Rendez-vous est pris dans leurs bureaux, non loin de la Maison de la Radio. J'ai une idée des prix du billet. Même en *business*, je ne trouve pas le ticket d'entrée excessif ; et puis, disons-le, je suis décidé à casser une partie de ma tirelire pour ce plaisir hors du commun que je conçois également comme une estocade jubilatoire destinée à me débarrasser une fois pour toutes de la maladie qui m'a frappé.

Encore mieux conseillé que je ne l'espérais, je suis alléché par les propositions. Mon rêve prend corps – un corps de rêve ! Pendant un an, Mimi et moi peaufinons ce projet d'une vie avec notre agent ; et cet avant-voyage est déjà un voyage. Avec l'agence, nous imaginons un florilège de quelques-uns des plus beaux *spots* d'Asie et d'Océanie. Ces lieux, ces photographies, ces notices, ces trajets, ces détails finissent par former un collier de perles précieuses chatoyantes et variées que nous passons de longues heures (c'est rien de le dire !) à prévisualiser.

Avec ces « quelques-uns » des plus beaux *spots*, nous avons de quoi nourrir deux mois d'éblouissements, que nous fixons du 17 novembre 2015 au 17 janvier 2016. Notre virée DeLuxe s'articule autour de Pékin, Hong Kong, quelques semaines en Australie, en Nouvelle-Zélande et en Nouvelle-Calédonie. Elle se conclut en apothéose à Singapour, juste avant le retour en France, avec trois nuitées au Raffles, considéré comme l'un des plus beaux palaces du monde.

Tout semble calé, précis, bouclé. Pourtant, nous avons beau avoir rêvé à ce qui s'annonce, nous sommes en-deçà de la réalité.

Très, très en-deçà.

63.
La maladie de la jubilation

Il paraît que la raison humaine ne dépasse pas les bornes de son imagination. J'irai plus loin en affirmant que, comme notre raison, notre capacité à rêver est elle aussi bridée par nos habitudes et notre quotidien, petit ou grand. Lorsque, cancéreux, j'étais au fond du fond de l'épuisement ; lorsque, éreinté par des mois de traitement, j'étais au bout du bout de moi-même ; lorsque, dans ces périodes où j'étais terrassé, je luttais pour rassembler les derniers morceaux de ma volonté en fantasmant sur l'Ironman et mon grand voyage, même là, je ne me rendais pas compte que ce que j'allais vivre dépasserait mes espoirs les plus fous.

Pas de faux *suspense*, je vais raconter ce qu'il s'est passé dès le prochain chapitre. Néanmoins, qu'il me soit permis, ici, de formuler humblement la leçon apprise au cours de mon grand voyage en Asie et en Océanie.

Cette leçon part d'un constat : certains n'osent pas anticiper sur les plaisirs qui s'avancent, de peur d'être déçus. Je les comprends, et peut-être ai-je été des leurs, à tel ou tel moment de ma carrière et de mon existence. Quand je me fixais des objectifs sportifs puis quand je fixais des objectifs chiffrés à mes commerciaux, ce n'étaient pas des rêves, c'étaient des paliers définis méthodiquement, logiquement, rationnellement. En 2016, j'ai rendu dé-fi-ni-ti-ve-ment ma carte de membre de ce club des rêveurs raisonnables. L'expérience de mon semi-tour du monde m'a montré que, quand on espère une bonne nouvelle, il faut s'attendre au meilleur : cela rend la réalité encore plus belle quand elle se révèle infiniment plus éclatante que ce dont on la croyait capable.

De notre grand voyage, plus que d'une chronologie linéaire, je veux me souvenir de bribes. D'éclats. De sidérations. De moments où, avec Mimi, je suis resté KO debout, en pensant trois choses :

• ouah, c'est possible qu'une telle merveille existe ?
• quelle chance incroyable j'ai de vivre cet instant !
• quelle chance j'ai de *vivre* !

Pour être honnête, j'ai hésité avant d'écrire le chapitre qui suit. Ouvrir l'album photo de son cœur et évoquer son bonheur peut curieusement paraître encore plus obscène que de raconter sa descente dans les Enfers de l'oncologie. Néanmoins, je m'y suis obligé parce que, dans ce livre, je n'ai cherché à étaler ni ma souffrance, ni mes réussites sportives, ni, au fond, ma vie personnelle.

Je le répète, je veux que ce livre porte ses lecteurs en leur rapportant mon expérience. Celle d'un homme qui, après avoir été applaudi par le football, accepté par les affaires puis détruit par la maladie, renaît et souhaite partager avec le plus grand nombre le message suivant : battons-nous et gardons l'espoir chevillé tant au corps qu'à l'esprit. Nous ne gagnerons pas chaque bataille, et celles que nous gagnerons, nous ne les gagnons que provisoirement. D'autres embûches nous attendent. D'autres pattes se tendent pour nous crocheter et nous faire choir. La vie n'est pas un lit de roses, disent les Anglais, mais elle est rarement sans épine !

Qui sait si, demain, à nouveau, une boule qui grossit, une pointe de douleur, un essoufflement anormal ou un examen biologique « bizarre », au choix, ne me précipitera pas de nouveau dans les bras des blouses blanches ? J'ai envie de dire : tant pis, on verra à ce moment-là, yallah ! Dans l'intervalle, vivons à fond les moments heureux et, dans les moments de désespoir, fixons-nous un cap, un espoir, un objectif que nous nous battrons corps et âme pour garder à vue, rattraper et dépasser contre vents et marées.

Par conséquent, oui, j'espère que partager les éblouissements que j'ai vécus lors de mon grand voyage contribuera à faire rêver ceux qui souffrent ou ceux qui ont souffert. Je me suis laissé dire – on l'a évoqué – que certains avaient peur de lire un livre sur le cancer, voire de prononcer ce mot, car cela risquerait de les contaminer. Je ne ris pas des superstitions, chacun est en droit d'avoir les siennes ! Mais, dans ce cas, j'espère que, en lisant mon bonheur, les superstitieux attraperont cette délicieuse maladie qu'est la jubilation.

En montrant que le Jean-Paul qui s'éclate et veut envoler ses lecteurs est le même que le Bertrand-Demanes laminé par la maladie et les traitements, j'aimerais que mes émerveillements de voyageur soufflent sur les braises d'espoir qui restent aux désespérés pour qu'elles rougissent et lancent, dans le foyer de leur souffrance, des escarbilles qui donnent envie de lutter. Alors, je n'aurai pas écrit ce livre pour rien et, ajouterais-je, alors, mes souvenirs seront encore plus beaux. Partant, je remercie par avance ceux qui les embelliront en vibrant à leur lecture.

64.
Les deux chapeaux

Dans le vrac joyeux de ma mémoire, je me souviens des *highlights* de notre Belle Escapade de deux mois !

Par exemple, je me souviens de l'hydravion que nous avons emprunté pour survoler des fjords, au sud de la Nouvelle-Zélande, seuls avec le pilote.

Je me souviens d'un trek sur un glacier incroyable. Vertigineux. Émouvant. Radieux.

Je me souviens du survol de la baie de Sydney. À un moment, l'hydravion longe une rivière étincelante et se pose devant le restaurant gastronomique où notre repas nous attend. Une première pour nous !

En Nouvelle-Zélande, je me souviens de l'inquiétude éprouvée dans un magnifique petit hôtel de charme au bord d'un lac. Le lendemain, nous devons partir en excursion par hélicoptère. J'envoie Mimi demander comment l'on est censé gagner l'héliport. Je suis tendu car, en ces terres zélandaises, ma femme a une qualité et un défaut. Sa qualité, c'est qu'elle parle anglais ; son défaut, c'est qu'elle parle un anglais quelque peu personnel. Néanmoins, dans la mesure où je ne le parle pas du tout et que je le comprends encore plus mal, ses notions relatives restent (peut-être) un avantage.

Quand Mimi revient de sa mission, elle est sûre d'elle : nous n'avons à nous préoccuper de rien. Demain, l'hélicoptère viendra à nous. Je lui montre notre *road-book*, où cette information n'est pas du tout recensée. Prise d'un doute devant mon scepticisme, elle retourne à la charge, et elle revient, pas peu fière de son bilinguisme naissant : le tenancier lui a montré que, sur le terrain de l'hôtel, étaient aménagés un héliport et un ponton pour les hydravions.

En effet, le lendemain, sur les coups de neuf heures, alors que nous sirotons un café sur la pelouse, un bruit de rotor grossit et un coup de vent nous ébouriffe. Notre hélicoptère est avancé !

Nous montons, survolons le paysage et nous posons sur Whakaari, dit « l'île blanche », un volcan au milieu de la mer. Le monstre est en activité, cela se sent : quand on marche, le bouillonnement brûlant sous nos chaussures est perceptible. Trois ans après notre séjour, le volcan s'est malheureusement réveillé, causant plusieurs dizaines de morts et de disparus.

À notre retour, vers treize heures, l'hôtelier nous propose de déjeuner dans le jardin. Le soleil est magnifique, comment refuser ? Nous voici bientôt installés dans les fauteuils d'extérieur, attablés devant un plateau mêlant charcuterie et fromage, le tout accompagné d'une bonne bouteille de vin. Une suspension délectable dans nos vies !

Je me souviens aussi de la splendeur majestueuse de l'Australie. Là-bas, tu sens que le paysage et le climat te dépassent. Après Sydney, nous avons gagné Cairns pour découvrir la Grande barrière de corail (tant qu'elle existe encore…), puis nous avons filé vers le centre de ce pays-monde. Là, nous avons loué une voiture, direction Uluru, dit Ayers Rock.

L'endroit est spectaculaire. C'est un inselberg, une sorte de mont d'environ quatre cents mètres de haut, entouré d'un désert immense et assommé par une chaleur épouvantable. La température ambiante doit être de cinquante degrés. Avant de partir l'affronter, j'ai le réflexe bête et discipliné d'acheter un chapeau. Je dois vite en acheter un second, équipé, lui, d'une voilette… sous peine d'avaler les mouches qui ne semblent avoir qu'une envie : me rentrer dans le museau !

Uluru est aussi spectaculaire que périlleux. Alentour, on croise des cadavres de chameaux morts de soif. Ça ne rigole pas. Quand on loue une voiture pour s'y rendre, on nous avertit : entre Alice Springs, la ville la plus proche, et le but de notre excursion, il y a plus de trois cents bornes et il est possible que, chemin faisant, nous n'apercevions pas une bagnole. En effet, pendant quatre heures, sous un cagnard monstrueux, nous ne croisons pas un chat, un véhicule ou une âme qui vive.

Dans nos oreilles résonnent les pires récits que l'on nous a servis afin de nous mettre en garde. Il se raconte que, sur le chemin vers Ayers Rock, un couple d'Américains est tombé en panne. Pensant qu'ils sont à une dizaine de kilomètres du but, ils décident d'aller chercher du secours. La femme, plus en forme que son époux, prend deux bouteilles d'eau, en laisse une à son mari ; puis elle part sur la piste alerter les secours. Elle en est morte. Ici, le soleil ne fait pas de quartier, même pour saluer l'intrépidité des personnes du beau sexe.

Moralité : si nous tombons en panne, Mimi restera dans la voiture, et moi aussi. Quand, par miracle, quelqu'un passera, il comprendra qu'il lui faut nous sauver d'un fichu mauvais pas !

Par chance, nous ne tombons pas en panne. En dépit de la fournaise, nous nous gobergeons de paysages minéraux d'une puissance incommensurable… et, dans le désert, nous découvrons des endroits étonnants.

65.
Le détour des chemins

Un jour, en plein désert, Mimi et moi cherchons l'hôtel où nous sommes attendus pour dormir. Il est censé être situé au milieu de ce *no man's land* gigantesque pilonné par le cagnard. Après des recherches infructueuses, nous apercevons un gars qui comprend le sabir de Mimi et nous intime de revenir en arrière. Nous nous exécutons. Quelques kilomètres plus loin, en effet, nous apercevons un autre autochtone qui nous adresse de grands signes. L'hôtel est là, au bout de ce qui ressemble à une entrée de ranch, à peine indiquée par une petite pancarte.

Notre conseiller d'orientation remonte dans sa voiture et nous précède dans l'allée. Une poignée de kilomètres plus loin, nous sommes attendus dans un lodge constitué de tentes de luxe bénéficiant de l'indispensable climatisation. Nous disposons d'une tente pour la chambre et d'une autre pour la salle de bains ; et nous sommes les seuls clients. Dès que nous posons nos affaires et troquons nos vêtements de route pour une tenue du soir, Mimi passe à l'action. Elle se méfie des autres habitants comme de la peste.

Dans cet endroit de rêve grouillent des bêtes de cauchemar. Ils sont célèbres, les serpents, les araignées et les scorpions d'Australie ! Les offices de tourisme et les autochtones martèlent que, *in fine*, ces créatures ne tuent pas tant d'humains que ça, mais nous n'avons pas tellement envie d'entrer dans la grande famille des statistiques mortuaires. Nos affaires sont donc bouclées dans nos valises pour éviter que, le lendemain, lorsque nous remettrons nos chaussures de voyage, un jeune taipan ou une araignée à toile-entonnoir mal embouchée ne nous manifeste son mécontentement de voir arriver un pied dans sa direction. Prudence est mère de sûreté…

Toutes les précautions ayant été prises, nous ressortons de notre palace en toile afin de dîner. Les employés de l'établissement ont dressé notre table en plein air.

La scène m'évoque une scène du film *Out of Africa*. Le soir est tombé. La flamme des bougies posées près des verres tremble à peine. Ébahis, nous découvrons que nos hôtes nous ont préparé un apéritif de grand *standing*, avec une multitude de petits fours savoureux. Comment est-ce possible, au cœur du désert ? Mystère. Comme la rose selon Novalis, poète pour voyageur s'il en est, le merveilleux est probablement encore plus beau sans pourquoi.

Du reste, je ne cherche pas longtemps à percer cette étrangeté délicieuse. Le dîner sous le ciel étoilé me projette dans l'instant et hors du temps à la fois. Après nous avoir apporté le nécessaire et l'indispensable superflu (elle est toujours bienvenue, dans ces moments, la bouteille de vin en plus !), les serveurs disparaissent et, longtemps, nous restons sur la terrasse.

Seuls.

Transportés.

Le ciel nous éblouit par sa pureté. Pas l'ombre d'une pollution : la première ville est à quelque quatre cents kilomètres, la première usine à deux mille. Alors, oui, on le sait, je ne suis porté ni sur la méditation ni sur la métaphysique. Ce nonobstant, je me laisse aspirer par ma contemplation de la voûte et, comme souvent à cette période, je suis happé par cette béatitude qui, par contraste, me renvoie au cancer, aux tortures subies, à l'énergie dépensée pour tenir, aux envies d'abandon combattues, aux doutes existentiels surmontés grâce aux indéfectibles soutiens médicaux, familiaux et amicaux sur lesquels j'ai pu compter ; et je me dis qu'il s'en est fallu de peu que je ne connaisse pas ça ; et, évidemment, la vague d'émotion qui va bien me submerge.

D'où ce livre.

J'insiste, j'en suis conscient, tant pis ! Mon insistance sera le signe que je veux, plus que tout, dire, raconter, marteler même à ceux qui souffrent – du cancer, d'une autre maladie ou d'une autre désespérance – qu'il est normal de se sentir parfois submergé, découragé, même abandonné. Cependant, il est bon de se battre pour tenir *parce que des moments d'exception restent à vivre* au bout du monde, auprès des siens, face à face avec soi-même.

Non, la vie ne vaut rien en cela qu'elle est fragile ; mais, à ma connaissance, rien ne vaut la vie, ses surprises heureuses et les éclaboussures de joie profonde dont elle seule peut nous gratifier au détour des chemins.

Postlude : maintenant

Fin juin 2022.

Je termine ce livre en regardant des grains de poussière qui dansent dans la lumière. Après des années de travail, je me sens en paix avec moi-même. J'ai l'impression d'avoir accompli ce que je m'étais promis d'accomplir. J'ai l'impression d'avoir tiré le meilleur de ma pire expérience de vie. J'ai l'impression d'avoir réglé mes comptes avec cette maudite maladie et ce qu'elle m'a obligé à endurer. Je peux laisser imprimer *Stade 4*.

Tandis que je corrige la dernière mouture du texte sur le balcon, à La Baule, je gonfle mes poumons de l'air chaud qui m'enveloppe. L'été est précoce et plus chatoyant que d'ordinaire. Une petite brise joue autour de moi. Ce sont les grandes marées. Des dizaines de pêcheurs amateurs traquent la coquille sur la plage. L'air est calme. Un chien aboie. Un rire tinte. Je pense à tout et à rien. Au remblai qui sera en travaux prochainement. À l'auvent qu'il ne serait peut-être pas absurde d'installer. À la taille des langoustines que j'ai achetées au marché. Au goût du rosé que j'irai siroter, ce soir, au Gulf Stream, en plaisantant avec le patron, un triathlète de très bonne compagnie.

D'accord, je pense surtout à rien, mais à ces petits rien qui font des petits tout. Quel luxe !

Le front de mer est encore dégarni. Parisiens et Nantais attendent les vacances avec impatience. Quand ils arriveront, nous partirons dans une grande maison avec piscine que j'ai louée, loin d'ici. Pour la première fois depuis longtemps, tous nos enfants et petits-enfants seront là. À cette heure, les tensions qui ont pu traverser notre famille – comme tant d'autres familles ! – ont disparu. J'ai hâte de jouer avec ma petite-fille. J'ai hâte de partager des repas autour d'une grande table. J'ai hâte de souffler, la nuit venue, fourbu et néanmoins gourmand du jour qui viendra.

En attendant ces belles heures, samedi prochain, Mimi et moi serons de mariage. Ce sera l'occasion de guincher. Jadis, quand nous nous retrouvions entre amis, le petit blanc et le whisky avalés, nous repoussions les chaises et dansions avec, à défaut de grâce, cœur, insouciance et envie de vivre. Cela nous est passé, et je m'aperçois que cette habitude me manque.

Par avance, je me réjouis de danser le rock comme les vieux et comme les enfants de bonne famille. Je me réjouis de danser sur des rythmes techno comme les jeunes ou, plutôt, avec eux. Je me réjouis de danser n'importe quoi, du moment que je danse. Je me réjouis d'avoir encore ce furieux désir de danser.

Il y a quelques jours, Mimi et moi sommes revenus d'une croisière de rêve sur le *Ponant*. Nous avons profité de quelques ports italiens, de la douceur du temps, du plaisir de nous laisser porter. Mimi a tellement aimé que, désormais, elle rêve de repartir – dans la froidure, cette fois, en souvenir des cinq jours formidables que nous avions passés en Laponie à l'occasion de… Bah, bouclons cette histoire ici. S'il le faut, je vous raconterai cette anecdote dans un autre livre avec, pourquoi pas, *mon* explication à ma non-sélection à la Coupe du monde 1982. Je vous l'ai promise à maintes reprises, mais les pages ont filé et il est trop tard, à présent.

D'ici nos prochains projets et rencontres, portons-nous bien, soutenons-nous les uns les autres, et, puisque le bonheur est presque aussi contagieux que le plus volatile des virus, tâchons d'être heureux, ne serait-ce que

- pour montrer aux renfrognés que cela reste possible,
- pour faire enrager les tristes sires, et
- pour encourager les affligés à se battre, fût-ce contre eux-mêmes, afin de regagner le camp des optimistes obstinés, malgré et envers ce qui pourrait nous en dissuader.

Oui, vivons et donnons envie de vivre.

Le reste ? Ce ne sont que des grains de poussière qui retomberont bientôt dans l'oubli du soleil. Avant de les rejoindre, secouons-nous, agitons-nous, ébattons-nous, et que les tempêtes que nous saurons susciter nous aident à franchir, aériens et légers, les gouffres dont les aléas de la vie creusent parfois nos chemins.

Remerciements

Curieusement, dans notre belle langue, remercier a deux acceptions diamétralement opposées. La première consiste à témoigner de sa gratitude ; l'autre consiste à renvoyer quelqu'un. Encore plus curieusement, à ce stade (pas le quatrième !) de mon livre, je crois comprendre le lien entre ces deux sens contradictoires.

Dans les lignes qui suivent, je vais témoigner de ma gratitude à ceux qui m'ont sauvé la vie, à des titres divers, quand j'étais plus-que-malade. Ce faisant, je vais aussi renvoyer mon cancer dans ses limbes. Certes, il sera toujours partie intégrante de l'homme que je suis aujourd'hui, mais il s'éloigne à chaque instant qui passe.

Dès lors, remercier ceux qui m'ont tant apporté, c'est à la fois remettre une dernière droite dans la trogne de la maladie, et c'est aussi dire à mes soutiens : grâce à vous, je suis vivant, en quasi pleine possession de mes moyens ; alors, comptez sur moi pour être, à mon tour, à vos côtés dans les coups durs comme dans les coups doux !

*

Merci, en premier lieu, à ma famille.

Merci à Mimi – qui a lu le livre devinera pourquoi. Je me suis laissé dire que le cancer est susceptible de briser des couples pour une foule de raisons. Chaque jour, je suis plus heureux qu'il ait eu, en ce qui nous concerne, l'effet inverse.

Merci à Karine. Elle a pris à bras-le-cœur la mission qu'elle a acceptée : soutenir et sa maman et le malade. Dans les deux cas, c'est moi qui profitais de son soutien au moment où tout s'écroulait en moi. Elle ne sait sans doute pas à quel point je lui en suis reconnaissant, mais cela n'a presque aucune importance puisque, moi, je le sais.

Merci à Mathieu. Il m'a permis de me consacrer à ma lutte sans dévier en prenant les rênes de l'entreprise que j'avais fondée. Il peut sembler curieux, au terme d'un livre comme celui-ci, de remercier son fils pour sa rigueur, son professionnalisme et sa *vista* entreprenariale. En réalité, en me déchargeant des préoccupations liées au *business*, en me démontrant qu'il tenait son rôle avec assurance et compétence, en me rassurant quant à la pérennité de ce second chapitre passionné de ma vie professionnelle, il m'a aidé au-delà de ce que, j'en suis sûr, lui-même imagine.

Merci à Pauline, à Jérôme et à Marine, notamment pour ces vidéos de vacances qu'ils m'envoyaient quasi quotidiennement depuis Saint-Barthélémy pendant l'été 2010 – la pire saison de ma vie. Avec le décalage horaire, leurs nouvelles me parvenaient au milieu de la nuit. Quiconque a passé 24 h à l'hôpital sait combien la nuit, pour un malade, est un faix lourd à porter. Que ces trois vlogueurs sachent que leurs petites pastilles vidéo, celles que, à l'hôpital, j'allais dévorer aux toilettes pendant la nuit afin de ne pas déranger mon voisin de chambre, m'ont infiniment aidé à supporter les autres cachets que l'on me sommait d'ingurgiter !

Merci à Marc et Nathalie, mes petits-cousins. Quand Reynald est décédé, vous étiez là. Quand mon père est décédé, alors que je subissais ma première cure de chimiothérapie, vous étiez là. Quand j'étais malade, et je l'ai été longtemps, vous étiez là. Quand j'ai couru mon Ironman, assistés de vos quatre enfants, vous étiez partout, taches orange dont la vue et les cris me ragaillardissaient lors des parcours vélo et *running*. Normal que, dans ce livre, vous soyez là aussi !

*

Merci, en deuxième lieu, à mes amis.

Merci particulièrement à Roger et Catherine, pour les multiples raisons évoquées *infra* et pour d'autres motifs, encore plus nombreux, qui n'ont pas été évoqués *supra* mais qui animent notre relation vivante et vibrante.

Merci à Bernard, mon gros nounours (si, si !). Il est l'un de ceux qui ont su transformer mon téléphone en un feu de joie capable de réchauffer mon cœur quand, dans mon corps, il faisait beaucoup, beaucoup plus que froid.

Merci à Élisabeth. Pour nous soutenir, Mimi et moi, elle s'est démenée non pas comme elle a pu, ce qui aurait été beaucoup, mais davantage. Grâces lui soient rendues !

Merci à Anne, qui a conçu et créé ma coupe officielle de cancéreux – sans doute pas son défi préféré, mais elle ne s'est pas dérobée et a su s'y plier avec grâce et sens de la rigolade. Au long de mon combat, les rayons de son dynamisme, de son énergie, de son humour et de sa joie de vivre ont réussi à percer les nuages lourds et bas qui pesaient sur moi. Cela paraissait peut-être peu ; c'était GIGANTESQUE.

*

Merci, en troisième lieu… en troisième lieu ? Je ne hiérarchise pas. Je m'incline dans différentes directions. Voici, donc, la troisième direction.

Merci au personnel hospitalier, quelle que soit la couleur du badge arboré sur leur blouse blanche. Je devine à quelle pression le moins gradé et le grand ponte sont soumis. Aussi tiens-je à remercier chacun de ceux que j'ai croisé de m'avoir traité, indépendamment de quelle vedette du ballon rond des années 1970-1980 je suis censé avoir été, avec respect et humanité, voire, souvent, avec ce petit plus professionnel qu'est la compassion intelligente.

Merci au professeur Oliver Malard, ORL du CHU de Nantes. Il a contribué à me sauver grâce à son immense savoir, son intégrité professionnelle, son sens du contact et son tact. En dire plus serait lénifiant, donc je m'en tiendrai là, mais ces mots ne contiennent évidemment pas la reconnaissance du patient que j'ai été.

Merci à feu le docteur Étienne Bardet, radiologue d'une grande humanité. Il m'a guidé, instruit et encouragé dans les moments où je sombrais… et, quand le cancer l'a frappé à son tour, c'est lui qui m'a poussé à rédiger ce livre. Il n'en a lu que des ébauches, mais je vis la finalisation de ce livre comme un signe concret de ma gratitude perpétuelle à son endroit.

Merci au professeur Franck Duteille, ami très cher qui a répondu à toutes donc à mes innombrables questions, m'appelant régulièrement pour avoir de mes nouvelles et se renseignant sur mes états de santé auprès de ses collègues, au point de devenir mon indispensable et bienveillante vigie médicale. C'est le spécialiste de confiance qui m'a décidé à me battre grâce à une phrase, une seule. Sans cette phrase, je ne serais sans doute plus vivant.

Merci à Franck Touya, l'homme qui – Mimi me pardonnera – connaît mon crâne mieux que personne. Il a su, à chacune de mes nombreuses visites, trouver les mots pour me rassurer et m'encourager. Franchement, parfois, ça ne devait pas être évident. Bravo, Franck.

*

En quatrième lieu, merci à l'armée de l'ombre qui m'a abreuvé de lumière paisible.

Merci aux amis innombrables qui ont appelé Mimi sans que je le sache sur le moment. Je n'étais pas souvent en état de vous répondre... Aujourd'hui, je le suis. Donc, enfin, merci.

Merci aux gens que j'ai croisés à Nantes, à La Baule ou ailleurs qui, me reconnaissant et ayant eu vent de ma maladie, m'ont, par un regard, un sourire ou un mot, communiqué la force dont j'avais besoin sans forcément le savoir. Grâce à eux, j'ai persisté et j'ai réglé son compte à la saloperie qui m'a transformé en auteur douze ans après que j'ai failli mourir.

Merci à Pierre Nozierre, un homme qui a notamment une qualité très particulière : il ne connaît rien au foot ! Surtout, il m'a aidé à amorcer ce projet improbable pour le footballeur-*businessman* que j'étais – écrire un livre.

Et merci à vous qui, en achetant cet exemplaire ou en l'empruntant dans votre bibliothèque, avez donné raison au projet et contribué à l'idée sous-jacente : réunir des fonds afin que ceux qui m'ont sauvé aient plus de moyens pour sauver leurs prochains patients.

Merci à tous.

Index des principaux noms de personne cités

Amisse (Loïc) 108, 171
Amoros (Manuel) 138
Arribas (Claude) 62-63, 163, 174, 219
Arribas (José) 63, 76, 155-157, 175, 219
Ayache (William) 169
Azzola (Jean-Marc) 111
Baratelli (Dominique) 41, 80, 117, 283
Bardet (Étienne) 105, 201-202, 207-208, 224, 237, 328
Bargas (Ángel Hugo) 57
Baronchelli (Bruno) 108, 171
Barrett (Syd) 143
Barthez (Fabien) 283
Battiston (Patrick) 117
Beckenbauer (Franz) 270-271
Belaubre (Frédéric) 266
Bertrand (Plastic) 145
Bibard (Michel) 169
Blanchet (Bernard) I, 156, 173
Blummenfelt (Kristian) 263
Boix (Damien) 276, 301
Bossis (Maxime) 108, 138, 169
Bouttier (Jean-Claude) 57
Bracci (François) 62
Brassens (Georges) 27, 198
Bretaudeau (Auguste) 76, 93
Bronson (Charles) 57
Budzynski (Robert) 173, 177
Burruchaga (Jorge) 149-150
Cabrel (Francis) 258
Carlos 145
Carnus (Georges) 80
Cattaneo (Alain) 180
Chaban-Delmas (Jacques) 26
Ćmikiewicz (Lesław) 75
Clooney (George) 227
Corda (Mauro) 183
Courtin (Paul) 155, 159-165, 171
Cramer (Dettmar) 270

Curioni (Hugo Alberto) 76
Daguillon (Philippe) 171
Darmon (Jean-Claude) 137, 139
Dassin (Joe) 9, 145
De Michèle (Gabriel) 156, 173
Debureau (Rodolphe) 16
Depailler (Patrick) 253
Domenech (Raymond) 62
Dona (Alice) 145
Drey (Michel) 75
Dropsy (Dominique) 283
Dubach (Jean) 116
Dubois (Jean) 37
Duteille (Franck) 83, 104-105, 244, 275, 328
Einstein (Albert) 247
Eo (Georges) 68, 248
Ettorre (Michel) 181
Fernandez (Luis) 138
Fétis (Christian) 39, 63, 71, 175
Fonteneau (Louis) 91
Fouché (Jean-Michel) 64, 70, 165, 220
Francescoli (Enzo) 138
Gardon (Bernard) 62-63, 174, 219
Garnier (Alain) 140
Gerhardt (Jean) 44, 86-87
Gili (Gérard) 67
Gilmour (David) 9, 143
Giscard d'Estaing (Valery et Anne-Aymone) 109
Gondet (Philippe) I
Goubet (Philippe) 39
Guimard (Cyrille) 255, 257
Hallyday (Johnny) 9, 139
Halter (Marek) 109
Hertig (André) 26
Hidalgo (Michel) 108, 110, 115
Higelin (Jacques) 196
Hodgson (Roger) 142
Hossein (Robert) 252
Hunt (James) 253
Inada (Hiromu) 263
Iznogoud 61
Jalabert (Laurent) 267-268
Jésus 159-160
Jonasz (Michel) 31, 268
Jordan (Michael) 249
Kessel (Joseph) 91
Kipchoge (Eliud) 19
Koolen (Serge) 145
Kovács (Ştefan) 79
Lacombe (Bernard) 110
Lagardère (Jean-Luc) 137-138
Lama (Bernard) 283
Lauda (Niki) 253
Legrand (Michel) 9, 147
Lemaire (Marcel) 89-91

LEMERRE (Roger) 165
LEMESLE (Claude) 145, 268
LÉVY (Bernard-Henri) 109
LEWIS (Carl) 249
LOCTIN (Pierre) 253
LOPEZ (Christian) 63, 108
LUQUE (Leopoldo Jacinto) 116-117
MAIER (Sepp) 270-271
MALARD (Olivier) 105, 119, 224-225, 227, 328
MALRAUX (André) 13, 19
MARADONA 9, 294-295
MARLEY (Bob) 9, 140-141
MBAPPÉ (Kylian) 111
MCCARTNEY (Paul) 9, 139
MERCHADIER (Alain) 63
MÉRIC (Fernand) 182
MEY (Frederik) 208
MICHEL (Henri) 75, 77, 108, 111, 137, 141, 145, 150, 156, 159, 169, 171, 173-184, 189, 252-254
MILOU 67
MINARRO-BAUDOUIN (Pascale) 139
MISEREZ (Philippe) 256
MODRIĆ (Luka) 183
MONZÓN (Carlos) 9, 57, 252
MORGENSTERN (Joëlle) 145
MOULAI (Tony) 266
MÜLLER (Gerd) 270-271
NEDZELA (Daniel) 140-143
NOUREEV (Rudolf) 173
NOVALIS 318
NOVEMBRE (Tom) 268
NOZIERRE (Pierre) 329
OSMAN (Jean-Paul) 175
PASARELLA (Daniel) 116
PERRON (Christian) 79
PICOT (Fabrice) 181
PIDCOCK (Thomas) 268
PLATINI (Michel) 108, 117, 249
POULLAIN (Fabrice) 169, 176, 181
PRAUD (Pascal) I
QUASIMODO 227
RAMPILLON (Gilles) 63, 75-76, 141, 174
REMETTER (François) 111
RENAUD 26
REP (Johnny) 62
REY (André) 108, 283
RICHEPIN (Jean) 198
RIO (Patrice) 108
RIVA (Luigi) 249
ROCHETEAU (Dominique) 109
ROLLAND (Frédéric) 105
SARRAMAGNA (Christian) 62-63
SCHUMACHER (Harald) 117

SERVAN-SCHREIBER (David) 130, 186-187, 193, 209, 240
SHELLER (William) 9, 147
SIMONET (Claude et Claude) 97
SIX (Didier) 110
SOUCHON (Alain) 258
SPIEGEL (David) 130
SUAUDEAU (Jean-Claude) II, 81, 149, 175
SYLVESTRE (Anne) 27
SYNAEGHEL (Christian) 103
TOURÉ (José) 169
TOUYA (Franck) 202, 329
TRÉSOR (Marius) 111, 115-116
TUSSEAU (Thierry) 169
VALDÉS (Rodrigo) 252
VALET (Paul) 69
VAN IMPE (Lucien) 255, 257
VELTER (André) 7
VENDRELY (Bernard) 75
VIDELA (Jorge Rafael) 109
VLADY (Marina) 252
VRILLAC (Maurice) 116
WILLIAMS (Serena et Venus) 39
ZICO 108
ZOETEMELK (Joop) 255, 257
ZOFF (Dino) 282, 284

Table

Préface de Pascal Praud I

Prélude 9

I. Avant 11
1. La prochaine fois 14
2. La taille de la boule 19
3. Le plus beau survêtement du monde 25
4. Le don des fées 31
5. La petite entourloupe 37
6. L'avantage du triathlon 44
7. La boulangère de Pornichet 49
8. L'autre sport 53
9. Le polo vert 57
10. Le haut du panier 61
11. L'instinct du fêtard 67
12. La valeur de la blessure 71
13. Le goût de la pelouse 75
14. Les leçons du pré 79
15. Le banc décisif 83
16. La dédicace des cavaliers 89
17. Le coup de la feuille de chou 93

18. Le retour impossible 97

II. Pendant 101
19. La dégustation 103
20. La délicatesse du déplaisir 107
21. Le ballon entre les jambes 115
22. La grosse patate 119
23. Le contraire d'une seconde 125
24. Les trouvailles positives 129
25. Le cierge qui brûle 135
26. Le but de Bob Marley 139
27. Les maîtres du monde 145
28. Le choix du verbe 149
29. L'adieu au bœuf bourguignon 153
30. L'intelligence de la *punchline* 159
31. Les fils de la 4L 163
32. Le charcutier de Clermont 169
33. La grande enfance 173
34. Le reste à vivre 177
35. L'étincelle de joie 181
36. La végétation du fauteuil 185
37. Le cours normal 189
38. Le frétillement du gardon 193
39. Les oiseaux de passage 197
40. Le coupeur de feu 201
41. La mise en boule 207
42. La science inexacte 213
43. La chambre du cœur 219
44. Les fruits de la passion 223
45. L'innocence de la concession 227

III. Après 233
46. La notion de risque 235
47. La clef à molette 239
48. L'ombre d'un homme 243
49. Le prix d'un rêve 247
50. Le cœur du réacteur 251
51. La beauté des monstres 255
52. La tourne de page 261
53. La relativité du foot 265
54. La potion magique 269
55. L'été de Saint-Martin 273
56. Les saladiers de neige 277
57. Le sentiment d'appartenance 281
58. Le poil des miquettes 285
59. Un voiturier pour mon vélo 289
60. Le rêve des fauves 293
61. Le brasier merveilleux 299
62. L'au-delà du réel 305
63. La maladie de la jubilation 309
64. Les deux chapeaux 313
65. Le détour des chemins 317

Postlude : maintenant 321

Remerciements 325
Index des principaux noms cités 331

CET OUVRAGE A ÉTÉ ACHEVÉ D'IMPRIMER
SUR ROTO-PAGE
PAR L'IMPRIMERIE FLOCH À MAYENNE
EN AOÛT 2022

N° d'impression : 100885
Dépôt légal : septembre 2022
Imprimé en France